Sexo secreto

Temas polêmicos da sexualidade

Dados Internacionais de Catalogação na Publicação (CIP)
(Câmara Brasileira do Livro, SP, Brasil)

Picazio, Claudio
Sexo secreto : temas polêmicos da sexualidade / Claudio Picazio ;
com a colaboração de Eduardo Bittencourt, Rogerio Brugnera e
Alexandre R. Araujo. – São Paulo : Summus, 1998.

Bibliografia
ISBN 85-86755-16-2

1. Aconselhamento sexual 2. Educação sexual 3. Educação sexual
para a juventude 4. Orientação estudantil 5. Sexo. I. Bittencourt,
Eduardo. II. Brugnera, Rogerio. III. Araujo, Alexandre. IV. Título.

98-1440   CDD-306.7

Índices para catálogo sistemático:

1. Orientação sexual : Educação sexual   613.907
2. Sexualidade : Orientação : Educação sexual   613.907

Compre em lugar de fotocopiar.
Cada real que você dá por um livro recompensa seus autores
e os convida a produzir mais sobre o tema;
incentiva seus editores a traduzir, encomendar e publicar
outras obras sobre o assunto;
e paga aos livreiros por estocar e levar até você livros
para a sua informação e entretenimento.
Cada real que você dá pela fotocópia não autorizada de um livro
financia um crime
e ajuda a matar a produção intelectual.

Sexo secreto

Temas polêmicos da sexualidade

CLAUDIO PICAZIO

Com a colaboração de
Eduardo Bittencourt,
Rogerio Brugnera
e
Alexandre R. Araujo

edições
GLS

Copyright © Claudio Picazio, 1999
Direitos adquiridos por Summus Editorial.

Projeto gráfico e capa: **Brasil Verde**
Ilustração de capa: **José Zaragoza**
Editoração eletrônica: **Acqua Estúdio Gráfico**
Editora responsável: **Laura Bacellar**

Edições GLS
Rua Domingos de Morais, 2132 conj. 61
04036-000 São Paulo SP
Fone (011) 539-2801
http://www.edgls.com.br

Atendimento ao consumidor:
Summus Editorial
Rua Cardoso de Almeida, 1287
05013-001 São Paulo SP
Fone (011) 3872-3322

Distribuição:
Fone (011) 835-9794

Impresso no Brasil

Dedico esse livro, cheio de gratidão,
às três Marias que, sem saber, me iluminam.

Maria do Carmo Ferrari Fagundes,
que me ensinou a possibilidade
de ser terapeuta através da criatividade da psicanálise,
da beleza dos encontros e da busca do cosmos.

Maria Teresa de Sá Manfredi,
minha madrinha, verdadeira irmã de minha mãe,
que através de seus atos ensinou-me a força de buscar
conhecimentos independentemente das possibilidades,
e não perder as esperanças jamais.

Maria Rita Kehl,
minha analista, que com leveza, profundidade
e segurança ilumina meus caminhos sombrios, ajudando-me
a ser mais livre, enxuto e conseqüentemente feliz.

AGRADECIMENTOS

Em especial agradeço a **Eduardo Bittencourt**, universitário e músico, que pela sua sabedoria já é um psicólogo da melhor qualidade. Em muitas partes desta obra tive o prazer de compô-la a quatro mãos e ver nascer um co-autor.

A **Rogerio Brugnera**, psicólogo e poeta, que pacientemente fez um trabalho que também considero de co-autoria. Colaborou cuidadosamente para que minhas falhas na escrita fossem substituídas por uma profundidade muitas vezes poética. Minha especial gratidão.

Agradeço ainda a **Alexandre Romano Araujo**, pela colaboração na elaboração das dinâmicas e sugestões de aula. Às colegas **Neide Yamaguche**, **Marina Lima** e **Patrícia Swinerd Martins**, que, como os colaboradores, contribuíram através de longas discussões para que essa obra se tornasse mais interessante não apenas em conteúdo mas também em forma. A **Antônio Martins Ramos** pela consultoria histórica e ao doutor **Marcelo Ponton** pela redação do apêndice sobre direito dos adolescentes.

Agradeço a **Almir Soares, Eduardo de Mattos, Carlo Andrés Arce, Ana Paula Soter, Jerry Enriquez, Meir Aron, Fábio Barreto, Piero Calò, Diva Jaqueline Xavier, Andréa Modesto e Ana Luiza Ferrão Mazza**, que neste momento de minha vida demonstraram não só em palavras, mas em atos, o significado da consideração e do amor na amizade.

Agradeço a **Ronaldo Pamplona, Carlos Egypto** e **Luís Carlos Pereira Leite** pelo respeito, incentivo e por me engrandecerem com seus conhecimentos científicos.

Agradeço a **José Zaragoza** por enobrecer a capa deste livro com a sua arte.

Minha gratidão também a **Laura Bacellar**, que confiou-me mais esta obra.

Agradeço aos **grupos de estudo** das segundas de manhã, da noite e das quartas-feiras, pelas experiências compartilhadas, pela convivência prazerosa e por terem nutrido junto comigo um sonho sempre possível de ser vivido.

Agradeço aos amigos que, mesmo distantes, sei ter, e aos novos, assim como **Rodrigo R. Araújo**, também futuro colega, marcando minha história.

Aos meus clientes, minha gratidão, sempre!

SUMÁRIO

APRESENTAÇÃO   11

MANIFESTO DA SEXUALIDADE   13

INTRODUÇÃO: Sob a prisma das diferenças   15

1. Composição da sexualidade e heterossexualidade   19

2. Homossexualidade   30

3. Bissexualidade   38

4. Diversidades sexuais   45

5. Travestis, transformistas, *drags* e *cross-dressers*   51

6. Ligações afetivas   59

7. Garotos e garotas de programa   67

8. Perversões sexuais   72

9. Aids   81

10. Disfunções sexuais   90

11. Mitos, tabus e preconceitos   97

12. Pornografia, erotismo e mídia   107

ANEXOS
As disposições legais relativas à criança
e ao adolescente
  Marcelo José Telles Ponton _____ 113

Questionário _____ 121

Situações difíceis em sala de aula _____ 125

BIBLIOGRAFIA _____ 131

SOBRE O AUTOR _____ 133

APRESENTAÇÃO

Este é um livro que se propõe a amparar professores que dão orientação sexual nas escolas de ensino médio. Pais e formadores de opinião também podem fazer bom uso dessas informações. O nosso objetivo não é formar educadores sexuais, mas instrumentalizá-los para uma viagem menos tortuosa pelos temas polêmicos da sexualidade. Propusemos e clareamos conceitos que até agora não haviam sido reunidos em nenhuma outra obra.

Tentamos ser claros e objetivos, mas em nenhum momento exaurimos os temas abordados. Esperamos assim munir o professor de material para não só compreender os temas abrangidos como também transmiti-los adequadamente aos seus alunos.

Os temas polêmicos da sexualidade estão presentes a todo instante em nossas vidas, desde conversas informais a literaturas diversas e até evidências na mídia. Infelizmente, salvo raras exceções, são apresentados de maneira incorreta, que não propicia reais informações sobre seus significados e muitas vezes colabora com o aumento de preconceitos e resistência às diferentes formas de expressão da sexualidade.

Tratar as diferenças da sexualidade como sexo secreto é perpetuar a ignorância que já temos. Desvendar o sexo secreto é possibilitar a todos a experiência de sua sexualidade de forma mais integrada, e conseqüentemente tranqüila.

Um heterossexual que toma conhecimento de como são os homossexuais e os bissexuais em geral perde seu preconceito, porque percebe que a orientação do desejo sexual não é influenciável nem representante de caráter. O conhecimento o torna mais seguro de sua própria sexualidade.

Todos nós desejamos amar e ser amados, ter prazer sexual, encontrar alguém para somar às nossas vidas. Procuramos alguém que nos satisfaça e que tenha as características que sentimos como realizadoras de nossa felicidade, independentemente de idade, sexo, condição social e opinião alheia.

A sexualidade sem culpa, usada para a construção da felicidade, possibilita o encontro afetivo entre as pessoas. Compreendê-la e aceitar os comportamentos sexuais próprios e dos outros abre caminho para o exercício da responsabilidade na vida afetiva e sexual.

Desejamos que este livro ajude você a acolher as dúvidas de seus alunos nessa idade tão crítica de construção de identidade e comportamento sexual. Esperamos também que possa proporcionar uma visão mais democrática e positiva da sexualidade ao abordar questões muitas vezes consideradas tabus, negligenciáveis ou impróprias, permitindo a elaboração e integração dos valores pessoais dos adolescentes sob seus cuidados.

MANIFESTO DA SEXUALIDADE

> *"Se o homem é ignorante, torná-lo*
> *sábio é educar. Se o mundo é*
> *injusto, torná-lo justo é educar.*
> *Porque o mundo não se reforma*
> *por estruturas que os homens*
> *inventam e eles mesmos*
> *corrompem. O mundo só se*
> *reforma pela reforma dos homens,*
> *um a um"*
> Raul Jobim Bittencourt

A cada dia que passa deparamos com experiências que nos forçam a reconhecer que muitas das coisas de nossa formação não fazem mais sentido. Em nosso tempo as transformações se dão com tal velocidade que acabamos muitas vezes por simplesmente absorvê-las sem questioná-las, sem introduzi-las em nossa vida de forma crítica. Se o fizéssemos, seríamos levados a uma mudança de pensamento e atitudes que atualmente nos impedimos de ter. Mudar é difícil porque exige que abramos mão do que já era sabido, do que já estava acomodado dentro de nós. Mudar é bom porque saímos da estagnação e abrimos novas possibilidades de nos relacionarmos melhor com o mundo e de vivermos melhor.

Admitir o não saber é o primeiro passo para sairmos da ignorância. Portanto, é a forma mais eficiente de transformação que podemos nos proporcionar para em seguida proporcioná-la ao outro.

A sexualidade é tão antiga quanto a natureza humana. As suas diversas formas de expressão também são antigas, e nem sempre sofreram as mesmas restrições que hoje. Faz-se necessário nesse momento da nossa evolução, dado o alcance dos meios de comunicação de massa e seu emprego do sexo como entretenimento para populações cada vez mais gigantescas, que compreendamos melhor as manifestações da sexualidade e nos permitamos aceitá-las em sua diversidade. A aceitação não implica mudança de nossos comportamentos ou sequer concordância com tudo o que acontece, mas o simples reconhecimento de que nossa cultura é vasta e diversificada.

A pessoa que se propõe a falar de sexualidade, seja professor/a, pai, mãe ou formador/a de opinião, precisa se dispor também a fornecer informações corretas e desprovidas de pré-julgamentos. A tolerância e o respeito pelas diferentes formas de suas expressões nos levam diretamente à formação de uma ética, principio básico da convivência humana. Não será a causa da agressividade que vemos nas ruas a luta das pessoas pela afetividade e pelo prazer? Seres humanos que respeitem suas próprias particularidades não se sentirão mais inclinados a aceitá-la nos outros? Não exercerão sua sexualidade de maneira digna e serena?

A sexualidade faz parte de todos nós. Cada um a vive conforme o seu prazer se manifesta. Sentimo-nos, muitas vezes, no direito de educar as pessoas à nossa volta de acordo com a nossa própria vivência, sem tomarmos conhecimento de outras verdades. Achamos, erroneamente, que controlamos a orientação do desejo sexual de nossos alunos e filhos, e tentamos exercer sobre eles um poder que não possuímos. Temos poder, mas apenas de ajudar o outro a compreender a sua sexualidade e facilitar o seu desenvolvimento da forma mais positiva.

Salientar a importância das relações afetivas, bem como estar aberto à comunicação interpessoal. Ajudar nossos alunos e filhos a compreender os comportamentos sexuais. Ensiná-los a valorizar a saúde. Compreender a nossa cultura, seus limites e seus direitos. Estas são tarefas fundamentais para quem deseja ser um esclarecedor ou orientador sexual suficientemente bom.

Boa conquista!

INTRODUÇÃO

Sob o prisma das diferenças

Quando falamos de sexualidade, estamos nos referindo a um conceito muitas vezes difícil de ser compreendido, apesar de muitos de nós intuirmos o seu significado. Faz parte da composição de nossa sexualidade o que entendemos como masculino e feminino. Neste contexto, toda uma verve de sentimentos e informações desencadeia aquilo a que nomeamos sexualidade individual, e que se desmembra em vários pontos: nosso *comportamento* diante da vida, o *ato sexual* em si, a *atração* que sentimos por alguém, nossos *desejos* de felicidade e prazer, nossos *preconceitos* e *valores morais*, nosso *corpo* e o modo como o vemos. Esses e outros conceitos vão se entrelaçando dentro de nós desde que nascemos e adquirem formas válidas e únicas de expressão.

Entretanto, vivemos numa sociedade em que a sexualidade é estimulada em termos de atrativos físicos e do "bom" desempenho no ato sexual. A expressão desta sexualidade fica reduzida ao coito, ao mesmo tempo que é enxertada de regras e de padrões comportamentais rígidos. O modelo de relação afetiva homem-dominador/mulher-passiva conquista um enorme lote de indivíduos sedentos por um enquadramento confirmatório das instituições moralizadoras. As pessoas tendem a não se questionar sobre a sua sexualidade, nem ir em busca de sua verdadeira forma de expressão, discutindo somente o exercício do coito. Nossa sociedade, que representa a todos nós, não tem por hábito encarar a sexualidade como algo espontâneo, que evolui e amadurece no decorrer de todo o processo de desenvolvimento do indivíduo.

A estrutura básica de nossa sexualidade é definida na adolescência. Apesar disto, permitimo-nos muitas vezes acrescentar experiências e fantasias mais tarde, e ir descobrindo desejos que até então não estavam conscientes. Isso vai se incorporando à nossa forma de ser e nos transformando numa pessoa cada vez mais original em relação à manifestação da sexualidade.

Mas esse processo não é fácil. Sentir coisas e desejos que nem sempre são aprovados pelas outras pessoas causam-nos um grande receio. Reprimimos pensamentos, desconversamos quando alguém se refere ao assunto e nos armamos de preconceitos para que certas sexualidades não nos assustem e não nos ameacem em certezas que, muitas vezes, nem mesmo são nossas de fato. Tentamos manter em segredo todas as nossas dúvidas em relação a condutas diferentes ou estranhas e abafar qualquer diálogo que nos soe menos preconceituoso, porque achamos que o mundo não quer saber de aberturas e possibilidades variadas. O ser humano ainda busca uma verdade única de expressão e experimentação da vida. Toma as maiorias como verdadeiras e afasta-se das minorias, responsabilizando-as por disseminarem atitudes consideradas erradas. O sexo negado por nós fica secreto.

Só que, nas entrelinhas, surgem sensações de espanto e intermitente desconforto quando, ao desejarmos coisas e pessoas que se encontram fora do roteiro fincado pela sociedade, decidimos desprezar nossos sentimentos e apagar seus rastros dentro de nós. Nosso primeiro impulso é colocá-los de lado, taxando-os como anormais e doentios. Não raro agredimos verbal ou fisicamente aquilo que meramente não compreendemos.

Falar da sexualidade causa um misto de prazer e medo. Só de mencionarmos a área de nossas vidas que nos daria uma felicidade imensa já nos faz sentir prazer. O medo, por sua vez, vem de descobrirmos intimamente que talvez não nos encaixemos totalmente naquilo que o mundo determina como adequado. Será que alguém consegue ser adequado?

As expressões da sexualidade são tão variadas quanto as opiniões sobre um determinado filme, um local ou até uma comida. Buscamos normalidade em nossa sexualidade, mas não será mais normal sermos atravessados pela espontaneidade dos nossos sentimentos? A intolerância com que o mundo lida com as diversidades sexuais é diretamente proporcional à intolerância que reservamos aos nossos próprios desejos.

Entende-se que uma sociedade harmônica seja aquela que respeita e abraça os diferentes e permite a todos viver em igualdade de cidadania. Um ser humano harmônico seria aquele que respeita seus desejos espontâneos e consegue lidar com o que é diferente, percebendo-se único, contraditório e belo. A pessoa que tolera suas diferenças internas e não mais se preocupa em tentar ser o que é esperado pelos outros tem também tolerância pelas diferenças externas e transforma o mundo para viver a sua natureza da forma mais livre possível. A liberdade é um sentimento que todos nós perseguimos, mas apenas o conseguimos quando temos a coragem de viver em harmonia com o que sentimos e desejamos, respeitando, é claro, a liberdade do outro.

Perceber que a maioria nem sempre é correta fica simples se usarmos exemplos históricos. Hitler, em sua busca por uma raça mais aperfeiçoada, não poupou crimes hediondos às minorias e aos diferentes. Os valores morais sempre existiram e são necessários para que a sociedade funcione de uma forma organizada, mas é preciso que respeitem a capacidade humana de amar e de expressar seu amor através da sexualidade.

Não será mais amoral a sociedade que não valoriza o afeto, o amor, a atração, o desejo e a construção de uma relação afetiva? Não será mais amoral a sociedade que estimula a competição desenfreada, os preconceitos, a solidão, a desarmonia, as formas rígidas e estereotipadas de relações afetivas? Não seremos nós amorais ao reproduzirmos estes conceitos sem refletirmos sobre nossa responsabilidade?

Somos diferentes um do outro, como cores diversas que podem se complementar de maneira harmoniosa. Heterossexuais, homossexuais, bissexuais são pessoas desejosas, todas elas, de expressar o seu amor. Compreender essa diversidade não significa aceitá-la como o caminho a seguir, porém tolerá-la como parte da existência humana. Falar sobre as diferentes manifestações sexuais não é um caminho para praticá-las, mas para exercer a sexualidade com respeito pela própria natureza e pela dos outros

1
Composição da sexualidade e heterossexualidade

Importância do tema
Corrigir a noção de que sexualidade se resume ao ato sexual. Mostrar que a orientação afetiva sexual, e não os papéis sexuais, é o que determina a hetero, a homo ou a bissexualidade.

Sugerimos que este tema seja o primeiro a ser abordado, porque compreender os aspectos que compõem a sexualidade é fundamental para entendermos as várias formas de manifestações sexuais.

Podemos, para facilitar a exposição, dividir a sexualidade em quatro pontos fundamentais, que no entanto se misturam, interagem e são dinâmicos dentro de nós. Cada pessoa tem sua própria combinação, que faz com que a busca de prazer e relacionamento seja diferente da de outras pessoas.

Os quatro aspectos são: *sexo biológico, identidade sexual, papel sexual* e *orientação do desejo sexual.*

Sexo biológico
(características genotípicas e fenotípicas do corpo)

homem _____ hermafrodita _____ mulher

O sexo biológico é constituído pelas características fenotípicas e genotípicas de nosso corpo. Geneticamente, somos homens ou mulheres. Na sexta semana de gestação, o gene xy começa a determinar a diferenciação do feto masculino do feminino, que tem o gene xx. Começam então a ser formados o pênis e o saco escrotal no macho, e o útero, o ovário, a vagina e o clitóris na fêmea. Quando nascemos, são essas características que determinam se seremos tratados como meninos ou meninas.

Conforme crescemos, as nossas características sexuais secundárias vão sendo determinadas pelos hormônios que produzimos. Na puberdade, os meninos adquirem barba, peito largo e voz mais grave devido a uma maior descarga de hormônios masculinos, os androgênios, em seu sangue, enquanto as meninas vão desenvolvendo mamas e quadris arredondados devido ao estrogênio. Todos nós temos uma mistura dos dois tipos de hormônios e às vezes uma pequena variação faz com que algumas mulheres tenham pêlos na face, por exemplo – apresentam um pouquinho mais de hormônios masculinos do que a média das mulheres – e alguns homens tenham mamas – produzem um tanto a mais de estrogênio. Estas características físicas não têm absolutamente nada a ver com o comportamento sexual da pessoa ou com a orientação de seu desejo.

O coquetel de hormônios de uma pessoa é determinado pelos seus gens e também pelo ambiente intra-uterino, ou seja, pela saúde da mãe durante a gestação. Uma mãe sob estresse ou dependente de algum tipo de medicamento ou entorpecente pode alterar o equilíbrio natural de seus hormônios, criando um ambiente diferente para o feto justamente quando qualquer pequeno distúrbio altera seu desenvolvimento. Nunca é demais ressaltar que fumar, beber, consumir drogas e passar por estresse durante a gestação pode causar danos ao bebê.

Existem casos bem mais raros, em que os órgãos genitais de ambos os sexos aparecem no corpo da pessoa. A estes casos dá-se o nome de hermafroditismo.

Idéias importantes sobre sexo biológico
Constitui-se pelas características fenotípicas (barba, mamas) e genotípicas (genes masculinos xy e femininos xx).
Existem somente dois sexos: masculino e feminino.
Em raros casos, bebês nascem com órgãos genitais de ambos os sexos, sendo denominados hermafroditas.

Identidade sexual
(quem se acredita ser)

masculina _____ mista (travestis) _____ feminina

O sexo biológico é o referencial inicial da construção da nossa identidade sexual. Se temos pênis, seremos considerados do grupo masculino e chamados de homem. Se temos vagina, seremos do grupo feminino e chamadas de mulher. A partir da diferenciação homem-mulher iremos receber do mundo um tratamento de acordo com os valores da sociedade, da escola, dos pais, dos amigos, que nos darão uma direção do que é ser masculino ou feminino. Não nascemos sabendo ser homem ou mulher, isso precisa ser aprendido a partir de nós mesmos.

Conforme crescemos, vamos nos identificando com atitudes, profissões, roupas, ídolos, independentemente de serem considerados masculinos ou femininos. Entretanto, vamos sendo encorajados pela sociedade a abrir mão das escolhas que não são consideradas condizentes com o nosso sexo biológico. Na adolescência, a identidade de gênero, ou seja, o gênero sexual a que pertencemos, masculino ou feminino, se evidencia pelo fato de aparecerem os caracteres sexuais secundários no corpo.

Socialmente, ser masculino ou feminino pode variar de época e cultura. Na Escócia, o homem que usa saia *sente-se* masculino. No Brasil, um homem que vista saia pode *sentir-se* menos masculino, mas continua acreditando ser um homem porque a sua identidade vem de uma certeza interna.

Buscamos realizações em nossas vidas que muitas vezes não têm uma correspondência direta com a nossa sexualidade, mas indiretamente reforçam o sentimento de *quem somos e cremos ser*. Por exemplo, um homem *sente-se* mais masculino quando consegue um cargo maior no seu trabalho. A mulher, hoje em dia, *sente-se* mais feminina pelo mesmo motivo.

Apesar de basear-se no sexo biológico, a identidade sexual não é tão presa a ele assim. Existem pessoas que acreditam ser homem e mulher ao mesmo tempo, ou seja, têm uma identidade masculina e feminina acopladas, sendo denominadas travestis. Existem ainda pessoas que têm uma identidade sexual oposta a seu sexo biológico, chamadas transexuais.

A identidade sexual está muito mais vinculada à idéia de quem *acreditamos* ser. Ela é formada ao longo da vida através da imagem física, de como a pessoa é tratada e como ela se sente. Nesse sentir é que reside a dúvida de como a identidade sexual pode ser construída, já que o sentir é individual e, portanto, único.

Idéias importantes sobre identidade sexual
A identidade sexual é quem a pessoa acredita ser, se homem ou mulher ou ambos.
Para nos sentirmos masculinos ou femininos não basta a nossa referência de sexo biológico.
A forma como somos tratados é importante na construção de nossa identidade sexual.

Papéis sexuais
(comportamento)

masculinos _____ mistos (*drags*) _____ femininos

Papéis sexuais podem ser definidos como os comportamentos masculinos ou femininos dos indivíduos na sociedade. Como vimos, a identidade sexual, que é um sentimento interno, geralmente se manifesta em um comportamento externo, que denominamos papel social sexual.

Desde pequenos vão nos atribuindo uma série de papéis em relação ao que esperam de nós. Por exemplo, o papel de bom filho, estudioso e educado; de boa filha, estudiosa e delicada. Muitos desses conceitos são passados em decorrência do que o núcleo familiar considera adequado ao sexo biológico da criança. Tudo que associamos a "coisa de homem" ou "típico de mulher" faz parte dos papéis sociais e sexuais que a pessoa está exercendo ou adquirindo.

Uma mulher que não entenda de futebol está se comportando de uma maneira que acredita ser adequada à sua condição feminina. Socialmente, ela é aceita e até estimulada pelos homens para que não entenda do assunto. É claro que ela pode, caso queira, entender e jogar tão bem quanto qualquer homem, mas se resolver fazer isso estará desempenhando algo que, na nossa cultura, é tido como papel sexual típico de homem. Essa conduta, no mínimo, causará alguma estranheza.

Quem desempenha papéis sexuais diferentes dos habituais, como nossa mulher futebolista, muitas vezes é denominado homossexual. Uma mulher não é homossexual por jogar futebol, não importa quão "machona" ela pareça. Ela é homossexual apenas se deseja sexualmente uma outra mulher. Um marido que resolva ficar cuidando dos filhos e dos afazeres do lar estará contrariando um papel sexual de homem, mas isto, obviamente, não quer dizer que este homem seja homossexual. Não há correspondência entre os papéis sexuais que adquirimos e a nossa orientação afetiva sexual.

É muito difícil encontrarmos alguém que só corresponda ao que é determinado ao seu papel. Esses papéis variam de acordo com a época e cultura. Hoje, o comportamento social é diferente de ontem e, provavelmente, amanhã será diferente de hoje. A sociedade está tentando perder a rigidez em relação aos papéis estabelecidos de homem-provedor e mulher-submissa. Hoje em dia, a mulher está mudando essa posição e se equiparando em igualdade de direitos ao homem; o homem por sua vez está tendo que se equiparar à mulher em relação aos deveres que ela tem.

Podemos observar essa transformação em várias situações. Por exemplo, cada vez mais mulheres exercem cargos políticos e administrativos, antes tidos como tipicamente masculinos, e percebemos um movimento muito positivo, ainda que tímido, dos homens avançando para uma busca da sensibilidade e afetividade que não cabia na rigidez dos antigos papéis masculinos. Isto tudo é muito benéfico porque dá liberdade ao indivíduo de respeitar os seus desejos, realizando-se em atitudes independentes do papel social.

Idéias importantes sobre papéis sexuais
Papéis sexuais são comportamentos considerados masculinos ou femininos.
Variam conforme a época e cultura.
São determinadas pela sociedade – família, escola, amigos e mídia.
Papéis sexuais não correspondem a quem desejamos afetiva e sexualmente.
Papéis sexuais estão em transformação em nossa sociedade: a mulher está conseguindo igualdade com o homem e este está tendo que assumir deveres que antes eram só dela.

Orientação do desejo
(a quem se deseja)

homossexual _____ bissexual _____ heterossexual
(mesmo sexo)   (ambos os sexos)   (outro sexo)

A orientação do desejo, também chamada de orientação sexual, é o sentimento de atração direcionado à pessoa com quem desejamos nos relacionar amorosa e sexualmente. Este talvez seja o conceito mais difícil de ser entendido, porque ele independe de uma escolha consciente ou de um aprendizado e, na literatura, não se encontram definições claras a respeito.

A orientação do desejo é a moradia dos nossos amores e desejos eróticos, nossas fantasias e paixões. É a orientação do desejo que indica não só a pessoa sexual (homem ou mulher) que nos atrai, como também o seu tipo. Existem várias teorias sobre a formação da orientação do desejo sexual. O que se acredita é que uma junção de vários fatores psicológicos, genéticos e sociais determina a orientação de nossos desejos.

O mais importante, porém, é termos claro que a atração pela pessoa amada não é uma opção. Opção significa uma escolha consciente entre dois ou mais objetos que tenham a mesma carga de valor satisfatório. Pois bem, podemos nos perguntar se em algum momento de nossas vidas paramos para optar, por exemplo, entre gostar de uma pessoa do sexo biológico diferente do nosso e uma de sexo igual. Com certeza a resposta será "não", mesmo daqueles que se sentem atraídos tanto por homens quanto por mulheres – os bissexuais. Se há uma escolha, ela é inconsciente e, como acreditam alguns teóricos das ciências humanas, deve ocorrer antes dos quatro anos de idade, sendo completamente desvinculada de qualquer arbitrariedade. Existem vários estudos que tentam mostrar a existência de uma configuração genética no DNA que determinaria a homo ou a heterossexualidade, mas ainda são estudos e nada há de certo. De qualquer modo, somos muito mais passivos do que pensamos em relação a quem vamos dirigir nosso desejo.

A orientação sexual não é mutável. O que pode ocorrer é uma descoberta da própria orientação em idades diferentes. Muitos só conseguem descobri-la na maturidade ou mais tardiamente, dependendo das repressões sociais e regras que se sintam no dever de cumprir. Talvez seja importante que as pessoas reflitam sobre seus posicionamentos. Será que são as pessoas quem têm de se moldar aos padrões tidos como "normais" da sociedade? Ou é a sociedade – nós mesmos – que deve aceitar a diversidade e mudar seus padrões?

Não há mais lugar para especulações baseadas em conceitos rígidos. Muitos religiosos, médicos e até psicólogos, por desconhecimento, acreditam que a orientação afetiva sexual pode ser modificada, que todo ser humano é heterossexual e que tudo o que seja diferente é uma doença. Estão usando um padrão de maioria para tentar estabelecer uma verdade universal. Há trinta anos a homossexualidade perdeu seu caráter de doença, tendo sido eliminada do código internacional de doenças (CID), e tentativas de "cura" foram publicamente repudiadas pelo Conselho Federal de Psicologia em 1999.

Doença é não respeitar a naturalidade de cada um e tentar determinar a quem se deva amar e desejar eroticamente. Respeitarmos as várias formas de orientação do desejo é condição básica para que respeitemos o nosso próprio desejo. A orientação do desejo, por mais diferenciada que seja, por mais doloroso que possa ser admiti-la, tem que ser levada em conta, pois expressa o seu real desejo e a verdadeira possibilidade de a pessoa se realizar afetiva e sexualmente.

Na orientação sexual moram os afetos, as emoções de paixão e amor. Não sentimos que escolhemos a pessoa amada, porque muito mais forte que nossa escolha é o impulso amoroso. Muitas vezes pegamo-nos em questionamentos abstratos sobre as razões de amarmos tal pessoa e não encontramos qualquer resposta, mas sabemos que a amamos e que este amor é mais forte do que nossa vontade de abrir mão deste sentimento. É muito difícil negar o amor, porém podemos escolher se vamos ou não vivê-lo. Negá-lo traz muito mais sofrimento e angústia do que admiti-lo. Podemos abster-nos de uma ação em relação ao que desejamos, mas a saúde pessoal constitui-se na admissão de nossos desejos e, na medida em que nos sentirmos mais fortes, em sua realização.

> *Idéias importantes sobre orientação do desejo*
> É definida como um sentimento de atração direcionado à pessoa que desejamos para nos relacionar afetiva e sexualmente.
> Existem estudos que pretendem descobrir nos genes a natureza do desejo sexual, mas ainda nada está confirmado.
> A orientação do desejo sexual não é uma opção, ela é espontânea e imutável.
> Nela moram os afetos, as emoções de paixão, de amor e de desejos eróticos.
> Não podemos mudar nossa orientação afetiva sexual, mas podemos adotar um comportamento sexual em desacordo com ela por motivos de pressões externas.

A nossa sexualidade resulta do entrelaçamento entre os aspectos biológicos, de identidade sexual, papéis sexuais e orientação do desejo. São estes quatro pilares que vão determinar em estrutura, forma e ação a sexualidade de cada um. As inúmeras variações que podemos perceber entre estes quatro elementos propiciam diversidades de expressão da sexualidade.

Heterossexualidade

Podemos definir a heterossexualidade como a atração afetiva e sexual por pessoas de sexo diferente do próprio. A sua configuração dos quatro elementos que compõem a sexualidade é a da maioria das pessoas, porém não a única existente.

Heterossexual	Homem	Mulher
Sexo biológico (características genotípicas e fenotípicas do corpo)	Homem.	Mulher.
Identidade sexual (quem acredita ser)	Masculina.	Feminina.
Papéis sexuais (como se comporta)	Variáveis, podem ser masculinos ou femininos.	Variáveis, podem ser femininos ou masculinos.
Orientação do desejo (a quem deseja)	Sexo oposto, portanto heterossexual.	Sexo oposto, portanto heterossexual.

Vamos tomar como exemplo uma mulher heterossexual. Ela tem o sexo biológico feminino, a sua identidade sexual é também feminina, ela se comporta no mundo de acordo com os papéis sexuais esperados de uma mulher e sua orientação de desejo é dirigida a uma pessoa do sexo oposto ao seu. Essa mulher, em outras palavras, se percebe biologicamente como mulher, se comporta como tal e deseja um homem.

Até aqui, tudo parece muito tranqüilo e de fácil compreensão, mas temos variações dentro da própria heterossexualidade. Por exemplo, podemos ter uma pessoa que biologicamente seja mulher, que se perceba como mulher e tenha a sua atração sexual direcionada ao sexo oposto, mas que se comporte de acordo com os papéis sexuais masculinos. Essa mulher também é heterossexual. A diferença está nos papéis sexuais que desempenha, pois, provavelmente, sente mais prazer e fica mais à vontade exercendo tarefas tidas socialmente como masculinas. Esta mulher é tão heterossexual quanto a outra, uma vez que as duas têm a mesma orientação de desejo e se identificam como mulher, mas provavelmente sofre discriminação por estar "invadindo" funções que não são esperadas dela e é considerada masculinizada. Ela é, de certa forma, rechaçada pelo grupo justamente por não corresponder à postura e aos gostos tidos socialmente como femininos.

A sociedade julga de maneira muito rígida as formas aceitáveis da heterossexualidade. As condições para se ser um homem ou uma mulher típicos são muito duras e raros os casos em que isso ocorre naturalmente. Muitas vezes vemos homens e mulheres perseguindo esse modelo idealmente imposto, desrespeitando a sua própria espontaneidade e beleza.

A heterossexualidade, por ser o comportamento sexual da maioria das pessoas, é tomada como correta e reforçada pelas entidades religiosas por propiciar a procriação da espécie. Isso representa pouco, uma vez que somos seres com um psiquismo que reage criativamente e não vivemos simplesmente de impulsos básicos da espécie. Enfim, precisamos avançar nos estudos do porquê da heterossexualidade para talvez podermos entender o motivo de outros desejos sexuais.

> *Idéias importantes sobre heterossexualidade*
> Entende-se por heterossexual a pessoa que tem desejos afetivos sexuais por uma pessoa do sexo oposto ao seu.
> Papéis sexuais não determinam a heterossexualidade.
> A heterossexualidade é apenas uma das formas de manifestação da sexualidade.

Sugestão de aula

Após a aula expositiva sobre os quatro elementos da sexualidade e sobre a heterossexualidade, dar a dinâmica a seguir para que o conceito de papéis sexuais fique bem claro para os alunos.

Material: Papel e caneta.

Procedimento: Dividir a classe em quatro grupos.

Dar a cada grupo uma questão e propor que discutam e anotem em tópicos as conclusões a que chegarem.

Grupo A: Quais são as tarefas e atitudes típicas masculinas?

Grupo B: Quais são as tarefas e atitudes típicas femininas?

Grupo C: O que antes era papel só dos homens e hoje as mulheres fazem?

Grupo D: O que antes era papel só das mulheres e hoje os homens fazem?

O tempo sugerido para essa discussão é de aproximadamente quinze minutos.

Após essa atividade, anotar no quadro-negro os tópicos elaborados pelos alunos e discutir a dificuldade de se limitar os papéis sexuais e sociais, mostrando que a sociedade é dinâmica e que esses papéis variam de acordo não só com a necessidade econômica, mas com uma evolução de posturas em relação ao que é ser feminino e masculino.

Apontar preconceitos, reforçando que a orientação sexual não tem correspondência com o que é masculino e feminino. Por exemplo, o homem que tem trejeitos femininos pode ser heterossexual.

Também apontar como é difícil ser homem ou mulher e cumprir com tudo que a sociedade impõe. Apesar de a heterossexualidade ser aceita e difundida, não é fácil corresponder a todo esse aparato de posturas, formas e atitudes. Faz-se necessário que tanto homens quanto mulheres permitam-se viver de forma mais extensa os seus papéis e que promovam um espaço social para que realizem seus desejos de maneiras mais criativas e confortáveis.

2
Homossexualidade

Importância do tema
Esclarecer as possíveis fantasias que os alunos tenham a respeito dessa orientação de desejo sexual.
Colaborar com a aceitação da classe se porventura algum(a) aluno(a) for homossexual.
Compreender os exageros e imprecisões da mídia sobre o assunto.

Homossexual é a pessoa que sente desejos afetivos e sexuais pela pessoa do mesmo sexo.

Homossexual	Homem	Mulher
Sexo biológico (características genotípicas e fenotípicas do corpo)	Homem.	Mulher.
Identidade sexual (quem acredita ser)	Masculina.	Feminina.
Papéis sexuais (como se comporta)	Variáveis, podem ser masculinos ou femininos.	Variáveis, podem ser femininos ou masculinos.
Orientação do desejo (a quem deseja)	Mesmo sexo, portanto homossexual.	Mesmo sexo, portanto homossexual.

O único elemento que se altera entre a composição da heterossexualidade e a da homossexualidade é a orientação do desejo. O homem homossexual é aquele que tem o sexo biológico masculino e se sente em acordo com ele, ou seja, sabe que é um homem e se identifica como tal, comportando-se de acordo com os papéis sociais e sexuais tidos como masculinos. Sua atração afetiva sexual é direcionada às pessoas do mesmo sexo biológico que o seu.

A maioria das pessoas diagnostica alguém como homossexual pela sua forma de se comportar socialmente – se homens, mais efeminados, e se mulheres, mais masculinizadas –, o que consiste em um grande erro, uma vez que já vimos que uma pessoa pode ter a sua orientação de desejo direcionada para uma pessoa do sexo oposto e ter esses mesmos comportamentos. Por exemplo: um cabeleireiro pode ser tanto hetero como homossexual; um homem que não goste de futebol tanto pode ser hetero quanto homossexual. É extremamente importante que não nos detenhamos nos papéis sexuais para determinar se esta ou aquela pessoa é hetero ou homossexual.

A homossexualidade ainda causa muita polêmica apesar de haver sido eliminada do código de doenças (CID) há 30 anos. Ainda é considerada erroneamente, por muitos, uma doença ou um desvio de comportamento. A sociedade mistura valores e palpites pessoais, maiorias e minorias, com o que é certo ou errado.

E por que a homossexualidade não é uma doença? Porque o que se deseja é uma pessoa como um todo. Dentro das normas de saúde sexual, é considerado desvio ou perversão, independentemente da orientação sexual, quando a pessoa sente prazer por um fragmento do corpo ou um objeto que o represente. No caso da homossexualidade, a pessoa deseja um objeto inteiro, ou seja, uma outra pessoa para se relacionar sexualmente e com quem desenvolver um vínculo de afeto. Um outro motivo é que desejos sexuais e afetivos não podem ser considerados doenças. Doente é aquele que não consegue sentir prazer e desenvolver vínculos afetivos.

Não é fácil para uma pessoa admitir a sua homossexualidade. Perceber-se sentindo desejo por um igual, em uma sociedade onde isto ainda é visto, no mínimo, como inferioridade, é muito complicado. De repente, a pessoa sente coisas que provavelmente ela mesma condena nos outros. Suas impressões a respeito de si mesma, conjugadas ao preconceito vigente, desvalorizam a si própria, fazendo com que se negue como pessoa e fuja de si mesma, muitas vezes atacando um outro homossexual para, assim, tentar distanciar-se do seu desejo.

Muitos homossexuais tentam negar seu desejo ao adotar uma atitude sexual heterossexual, vinculando-se a alguém do sexo oposto e vivendo uma vida distanciada de seu real desejo. Alguns se casam e na grande maioria das vezes não conseguem refrear seus impulsos, levando uma vida dupla e "estragando" a possibilidade de satisfação para todos os envolvidos.

É muito provável que, à medida que a sociedade avance e amadureça, vá gradativamente propiciando condições para que as diferenças convivam e esses desencontros não se perpetuem.

A homossexualidade está longe de ser uma opção, o que é muito importante de ser levado em conta. Todos nós podemos lembrar quando começamos a sentir interesse por alguém, em geral lá na infância, e provavelmente não faz parte dessa memória o pensamento: "Acho que vou preferir a Regininha em vez do Mauro." Meninas e meninos homossexuais sentem o seu desejo da mesma forma espontânea que heterossexuais, não havendo a escolha consciente que a palavra "opção" implica.

Muitas pessoas aconselham, ou até forçam, que mulheres e homens homossexuais experimentem relacionar-se com uma pessoa de sexo diferente do seu. Ninguém pede a um heterossexual que tenha relações com alguém do mesmo sexo para saber do que mais gosta. Desejo e atração sexual são elementos imutáveis desde que estabelecidos em suas matrizes na personalidade, como já dito anteriormente. Um homossexual não é um hetero frustrado. A frustração dos homossexuais pode residir no fato de não terem a mesma aprovação social que os heteros.

Na grande maioria das vezes, os homossexuais se distanciam da família por sentirem que ela rejeita o seu desejo. Como decorrência, procuram guetos onde encontrem aceitação e respeito por sua orientação sexual. O mais doloroso para homens e mulheres homossexuais é serem discriminados como se a forma de se relacionarem afetiva e sexualmente estivesse errada. Chegam a acreditar nessa premissa, o que lhes traz uma dor psíquica imensa, pois a área afetiva e sexual é muito valorizada pela cultura e, conseqüentemente, impõe-se enquanto desejo interno a ser satisfeito.

Muitas pessoas heterossexuais deixam de ter amizade com homossexuais depois que isto fica revelado. Ficam indignadas com essa orientação sexual, como se o outro fosse culpado ou vitimado por ter esse desejo. Existe ainda o medo de uma "contaminação" pela homossexualidade. Se a orientação sexual fosse contagiosa, não existiriam homossexuais em nossa sociedade, uma vez que toda a educação, mídia e cultura são feitas para heteros.

O preconceito contra a homossexualidade esconde a intranqüilidade que muitos heterossexuais sentem em relação à sua própria orientação sexual. Se uma pessoa não tem dúvidas quanto a seu desejo, ela não precisa se defender de outra que tenha desejos diferentes do seu. Uma outra crença também preconceituosa é de que o homem mais efeminado é sexualmente passivo, reproduzindo um modelo tradicional de relação heterossexual em que um seria a mulher e o outro o homem. Neste caso, o ativo seria heterossexual, o que simplesmente não é verdadeiro. Durante o ato sexual, não importa quem penetre ou seja penetrado, os dois são pessoas que sentem prazer com o mesmo sexo e conseqüentemente são ambos homossexuais.

Atitude sexual *versus* desejo sexual

Quando falamos em desejo sexual, compreendemo-lo como o movimento interno erótico impulsionado por uma carga de atração física e emocional. Ao falar em atitude sexual, referimo-nos a uma resposta física, um ato em que a outra pessoa entra simplesmente como um corpo para satisfazer uma necessidade biológica e psíquica sexual. É quase um processo masturbatório com a presença do corpo de outra pessoa.

Desejo sexual é parte fundamental da orientação afetiva sexual, ao passo que uma atitude sexual pode existir interdependentemente da orientação do desejo. Por exemplo, na época da Segunda Grande Guerra, muitas mulheres tinham relações sexuais entre si, assim como muitos homens, no campo de batalha. Essas mulheres sentiam falta de seus companheiros, a orientação de seu desejo era claramente voltada para homens, mas relacionavam-se sexualmente com outras mulheres motivadas por um desejo de descarregar a sua energia sexual. Com a volta de seus companheiros, essa atitude automaticamente deixava de existir.

Muitos meninos têm uma relação que se chama "troca-troca" que está longe de ser considerada homossexualidade, porque para a maioria o objeto desejado internamente é uma pessoa do outro sexo. O que há é um exercício de sexualidade, um descarrego da energia que está vibrando nos corpos com toda a sua força e é vivido com um(a) colega. Em suma, todo ser humano pode ter uma atitude sexual com qualquer dos sexos, mas seu desejo interno, aquele para o qual é essencialmente voltado como resposta de uma vontade interna, a libido, é o determinante de uma conduta homo, hetero ou bissexual.

Gostaríamos ainda de acrescentar que em nenhum momento usamos o termo "homossexualismo" porque a maioria das palavras que acabam em "ismo" representa doença ou síndrome, o que não é o caso da homossexualidade. Mesmo que assim não fosse, quando falamos do desejo heterossexual não dizemos heterossexualismo, mas heterossexualidade. Portanto, é discriminatório usarmos tanto para o desejo homossexual como para o desejo bissexual os termos homossexualismo e bissexualismo. Correto é nos referirmos a esses desejos como homossexualidade e bissexualidade.

Idéias importantes sobre a homossexualidade

Homossexual é a pessoa que sente desejos afetivos e sexuais por pessoas do mesmo sexo.

Homossexuais têm a mesma variação de comportamento em relação aos papéis sexuais que os heterossexuais.

Homossexualidade não é doença, tampouco perversão.

Homossexualidade não é opção, mas uma outra forma de manifestação de desejo afetivo e sexual, espontânea e imutável.

A frustração dos homossexuais é sofrer o preconceito social.

Não existe contaminação de orientação afetiva e sexual; portanto, a homossexualidade não é contagiosa.

Atitude sexual é diferente de desejo sexual.

É correto dizermos homossexualidade e não homossexualismo.

Primeira sugestão de aula

Uma forma de abordar o tema dinamicamente é convocar a classe para assistir a *Banquete de casamento* ou a *Delicada atração*, fáceis de serem encontrados em locadoras. Após a exibição, promover uma discussão, esclarecendo o conceito de homossexualidade e destacando as questões relativas à dificuldade de se viver uma orientação sexual diferente da maioria.

Segunda sugestão de aula

Material: Folhas de papel, caneta e cópias da história a seguir.

Procedimento: Solicitar que os alunos formem duplas, de preferência de sexo oposto.

Distribuir para cada dupla uma cópia da história e pedir que leiam o texto com atenção, para depois responder às perguntas no final.

Solicitar, depois que tenham respondido, que a classe diga a que conclusões chegou com a história, levando em conta principalmente as respostas à questão quatro para incentivar os alunos a aceitar os homossexuais de forma não preconceituosa.

No país de Blowminsk

Blowminsk é um país onde se proíbe o relacionamento afetivo e sexual entre pessoas do sexo oposto. O homem não pode sentir desejo, atração ou tesão nem amar romanticamente uma mulher. E a mulher também não pode sentir desejos afetivos sexuais por um homem. Os bebês são gerados em provetas e inseminados artificialmente, dando opções maiores aos pais sobre as características que poderão desenvolver. Existem pessoas que tentam quebrar as regras de Blowminsk, relacionando-se com pessoas do sexo oposto ao seu, mas são excluídas da sociedade e vivem em guetos.

Ivan e Marina moravam em Blowminsk e freqüentavam a mesma escola. Um dia perceberam que algo estranho estava acontecendo entre eles. Tentaram disfarçar, mas foi inevitável que acabassem conversando sobre o desejo que estavam sentindo um pelo outro. Sentiram-se muito angustiados, porque perceberam que eram diferentes das outras pessoas, seus pais não aprovariam e talvez fossem até expulsos da escola. Marina e Ivan tentaram não deixar que a atração se transformasse em atitude, mas uma tarde, voltando para casa, não resistiram e, depois de se esconderem atrás de algumas árvores em um parque, beijaram-se apaixonadamente. Eles estavam próximos ao colégio onde estudavam. Os amigos de Ivan, que estavam jogando ali perto, viram a cena e ficaram horrorizados. Xingaram Ivan de "hetero" sujo e deram-lhe alguns pontapés. A direção da escola ficou sabendo e imediatamente os expulsou da instituição, para que não contaminassem os outros alunos.

Os dois pais de Ivan mandaram-no embora de casa, indignados. Marina teve mais sorte. Foi encaminhada para um psicoterapeuta, que explicou à família que os sentimentos de Marina por Ivan não eram doença, nem opção. Esclareceu que ela era normal, igual às outras mulheres, e que a diferença estava em quem ela desejava para amar. Disse também que o problema era social e não psicológico. Mesmo assim, as duas mães de Marina pediram que ela não se relacionasse mais com alguém do sexo oposto ao seu. Marina, mesmo sabendo que era normal e igual às outras pessoas, sentiu-se indignada por haver sido rejeitada só porque amava diferente, enquanto os amigos que a haviam agredido não tinham sofrido qualquer repressão.

Ivan tentou se relacionar com outros meninos, cumprindo o que era esperado pela sua família e pelas normas e valores de Blowminsk. Resolveu não viver mais o seu desejo até que pudesse ser independente.

Marina continuou a procurar alguém que sentisse o mesmo que ela e amigos que respeitassem o seu desejo.

Questões

1. O que Marina e Ivan poderiam fazer para viver melhor no país onde moram?
2. O que Marina e Ivan poderiam fazer para viver melhor com seus pais e amigos?
3. O que Ivan poderia fazer para conseguir respeitar o seu desejo afetivo sexual?
4. O que você poderia fazer para que Ivan e Marina vivessem melhor?

3
Bissexualidade

Importância do tema
Explicar que a bissexualidade existe, não é um estágio intermediário e é independente de atitudes sexuais.

Bissexual é a pessoa que sente desejos afetivos sexuais por pessoas de ambos os sexos. A sua orientação de desejo não está direcionada para um dos sexos, mas sim aos dois.

Bissexual	Homem	Mulher
Sexo biológico (características genotípicas e fenotípicas do corpo)	Homem.	Mulher.
Identidade sexual (quem acredita ser)	Masculina.	Feminina.
Papéis sexuais (como se comporta)	Variáveis, podem ser masculinos ou femininos.	Variáveis, podem ser femininos ou masculinos.
Orientação do desejo (a quem deseja)	Ambos os sexos, portanto bissexual.	Ambos os sexos, portanto bissexual.

Talvez a bissexualidade, entre todas as orientações, seja a que mais polêmica cause. Geralmente, os bissexuais são vistos como pessoas "não resolvidas", "em cima do muro" ou muito promíscuas. Tanto os grupos homo quanto os heterossexuais excluem os bissexuais, não compreendendo tal orientação.

Quando estão vinculados afetivamente com alguém, seus pares se desesperam porque não sabem quem seria o seu competidor, de quem devem sentir ciúmes, e temem não ter como lutar pela posse do seu amado. Se um homossexual é visto, erroneamente, como uma pessoa hipersexualizada, o bissexual é visto como duas vezes mais. Homens e mulheres bissexuais são encarados como incapazes de formar vínculos afetivos mais profundos com uma só pessoa, e que sempre estarão insatisfeitos sexualmente se tiverem apenas um parceiro.

A verdade é que o bissexual sente desejo afetivo sexual por ambos os sexos e sente-se satisfeito com qualquer um deles, descaracterizando uma necessidade de relacionar-se com duas pessoas de sexo diferente ao mesmo tempo.

Não é tão comum quanto se imagina encontrarmos bissexuais que tenham orientação afetiva sexual em igual intensidade por homens e mulheres. O mais habitual é que as pessoas bissexuais tenham um pouco mais de desejo por um dos dois sexos. Sua tendência é de esconder de si mesmas os seus desejos homossexuais e adotar uma postura heterossexual, em função da pressão, expectativa e aceitação social. Isto não causa danos quando o seu desejo é principalmente por pessoas do sexo oposto. Mas se sentem um desejo maior por pessoas do mesmo sexo e o negam, com o tempo vão ter dificuldade de suportar os seus impulsos e provavelmente levarão uma vida dupla em sua sexualidade.

É muito importante distinguirmos a atitude sexual da orientação do desejo sexual. O que encontramos com freqüência, principalmente na adolescência, são pessoas com práticas sexuais aleatórias, ou seja, que têm relações sexuais – não amorosas – com ambos os sexos. Fazer sexo com uma pessoa não significa que se tenha desejo sempre por aquele gênero sexual. Isso pode acontecer por curiosidade, por falta de um parceiro ou parceira que seja de seu desejo básico (longos confinamentos, permanência em penitenciárias) ou por uma inibição em relação ao encontro com o sexo oposto.

Uma pessoa heterossexual que experimente transar com alguém de sexo igual ao seu não se torna bissexual por isso. Tampouco homossexuais que experimentem o sexo heterossexual se tornam bissexuais. Práticas sexuais todos podem ter com qualquer um, independentemente da sua orientação sexual. Segundo pesquisa feita nos

Estados Unidos, foi constatado que cerca de 40% dos homens casados já haviam tido alguma experiência com pessoas do mesmo sexo durante o casamento (Guidens, 1998). A bissexualidade tem um conteúdo diferente desses contatos, pois é recheada de sentimentos, vínculos e envolvimentos emocionais sem que a resposta sexual seja sua única via de interesse.

Para Freud, "existem nos indivíduos dos dois sexos monções pulsionais tanto masculinas quanto femininas que, umas e outras, podem tornar-se inconscientes por recalque" (1905). Isto significa que nossa energia sexual, originalmente, não está direcionada especificamente para nenhum dos sexos, e que não tomamos consciência deste fenômeno para não entrarmos em contato com a ameaça de depararmos com um desejo condenado socialmente. Então os bissexuais seriam pessoas que não tiveram repressão adequada da sua energia sexual? Não, porque a orientação do desejo independe da quantidade de repressão ou ameaças do meio para deixar de existir.

Muitos pais, por medo de uma homo ou bissexualidade de seus filhos, tentam reprimir qualquer manifestação que julguem inadequada ao sexo biológico deles, acreditando que assim evitarão que se tornem homo ou bissexuais. Isto é um engano, pois o desejo sexual é inato e a orientação deste desejo é uma certeza maior do que nossa escolha. O que pode ser aprendido, como vimos anteriormente, são os papéis sociais e sexuais. Muita repressão pode fazer com que o indivíduo não vá em busca de seu desejo, tomando por comportamento uma atitude sexual em desarmonia com este. Muito provavelmente, esta conduta lhe trará frustrações, ao passo que o enfrentamento do meio pode promover a vivência da energia sexual espontânea e, quem sabe, plena.

Acredita-se que bissexuais tenham mais chance de ser felizes do que heteros ou homossexuais porque sentem desejo por pessoas de ambos os sexos. Isto é um engano, porque independentemente da quantidade de pessoas que possamos desejar, sabemos que, para amar e sermos amados, necessitamos aprender a criar vínculos e saber escolher nosso(a) companheiro(a) de amor. Não é a quantidade que satisfaz, mas com *quem* estamos que nos satisfaz. Se acharmos que nas relações somente o sexo é importante, então o bissexual poderá ter mais chance de ser feliz, mas não é assim. Escolhemos alguém por tantos outros motivos quanto o sexo.

Bissexuais, em relação ao afeto, somos todos nós. Temos sentimentos de afeição e amor por homens e mulheres durante toda a nossa vida. Homens e mulheres bissexuais sentem que seu natural é ter desejos afetivos sexuais por ambos os sexos sem, talvez, as repressões que a maioria de nós possui.

Idéias importantes sobre bissexualidade
Bissexuais não são insatisfeitos sexuais.
Pressões sociais colaboram para que o bissexual viva somente um de seus desejos afetivos sexuais.
Viver uma experiência sexual com uma pessoa que não corresponda ao seu desejo afetivo sexual não transforma o indivíduo que a viveu em bissexual.
Práticas bissexuais são comuns na adolescência.
Bissexuais, em relação ao afeto, somos todos nós.

Primeira sugestão de aula

Aplicar a dinâmica a seguir após uma aula expositiva.

Procedimento: Dividir a classe em dois grupos. O grupo A se reunirá para defender a bissexualidade e o grupo B, para condená-la. Os grupos terão dez minutos para preparar suas argumentações.

Num segundo momento, pedir aos alunos que disponham as carteiras em paralelo, de modo que todo o grupo A fique de frente para todo o grupo B, deixando espaço para um corredor no meio. Pedir que os alunos comecem o debate e que levantem a mão para argumentar ou contra-argumentar.

Interromper o debate antes que a discussão esfrie e pedir que os grupos troquem de posição. O grupo A, que defendeu a bissexualidade, agora irá condená-la, e o grupo B, que a condenou, irá defendê-la. Deixar que a discussão prossiga até perder a sua força.

Sugerimos que, no fechamento dessa dinâmica, mostre-se aos alunos a facilidade com que condenamos ou absolvemos determinados comportamentos e como temos a capacidade de olhar para todos os lados das situações. Após o debate, introduzir os conceitos apresentados anteriormente sobre bissexualidade, enriquecidos com as questões levantadas durante o plenário.

Segunda sugestão de aula

Solicitar aos alunos, após a aula expositiva, que respondam o teste a seguir e discutir os resultados. O gabarito é:

1) d 2) b 3) c 4) d 5) c

Marque a afirmação correta

1. *A verdade é que o bissexual sente desejo afetivo sexual por...*
   a) por um heterossexual ou um homossexual.
   b) por duas pessoas ao mesmo tempo, não importando o sexo biológico.
   c) ambos os sexos, mas sente-se satisfeito somente quando consegue se relacionar com duas pessoas de sexo diferente ao mesmo tempo.
   d) ambos os sexos e sente-se satisfeito com qualquer um deles, descaracterizando uma necessidade de relacionar-se com duas pessoas de sexo diferente ao mesmo tempo.

2. *Não é tão comum quanto se imagina...*
   a) encontrarmos bissexuais que tenham orientação afetiva sexual vinculada em igual intensidade para homens e mulheres. O mais habitual é que pessoas bissexuais tenham um pouco mais de desejo de relacionar-se com os homens e, eventualmente, com uma mulher.
   b) encontrarmos bissexuais que tenham orientação afetiva sexual vinculada em igual intensidade para homens e mulheres. O mais habitual é que pessoas bissexuais tenham um pouco mais de desejo de relacionar-se com uma pessoa de determinado gênero sexual.
   c) os bissexuais serem tratados como pessoas não resolvidas ou "em cima do muro".
   d) os bissexuais serem erroneamente interpretados como pessoas que sempre estarão insatisfeitas sexualmente se estiverem somente com um parceiro.

3. *As atitudes sexuais são comuns...*
   a) quando se tem um desejo afetivo sexual pelos dois sexos.
   b) quando a pessoa era heterossexual e teve uma relação sexual com alguém do mesmo sexo que o seu e por isso se tornou bissexual.
   c) com os dois sexos principalmente na adolescência, tratando-se de pessoas com práticas sexuais aleatórias, ou seja, que têm relações sexuais – e não amorosas – com ambos os sexos. A

atitude de fazer sexo com uma pessoa não significa que se tenha desejo sempre por aquele gênero sexual.

d) quando a pessoa era homossexual e teve uma relação sexual com alguém do outro sexo que não o seu e por isso se tornou bissexual.

4. *Acredita-se que os bissexuais tenham mais chance de ser felizes do que os hetero ou homossexuais, porque sentem desejo por pessoas de ambos os sexos. Isto é...*

a) verdade; afinal, os bissexuais têm duas vezes mais chance de arranjar alguém e conseguir relacionar-se.

b) verdade; afinal, a quantidade de pessoas é o que mais satisfaz, e os bissexuais têm muito mais pessoas para escolher.

c) um engano, pois é mais difícil para os bissexuais conseguirem arranjar alguém.

d) um engano, porque independentemente da quantidade de pessoas que possamos desejar, sabemos que para amar e sermos amados necessitamos saber escolher quem nos satisfaz.

5. *Em relação ao afeto, todos nós somos...*

a) heterossexuais.

b) homossexuais

c) bissexuais.

4

Diversidades sexuais

Importância do tema
Esclarecer as diferenças entre essas formas de expressão da sexualidade para que os alunos consigam lidar com essas diversidades de forma mais adequada e menos preconceituosa.
Relevância do tema em função de ser comentado constantemente na mídia e quase sempre ser tratado de forma errônea.

Transexuais

Transexuais são pessoas que nascem com um determinado sexo biológico mas que se sentem pertencentes ao gênero oposto. Os transexuais nascem biologicamente normais, não tendo nenhuma duplicidade em sua aparência ou estrutura física sexual. No entanto, sentem que seu corpo não corresponde à "sua alma", sua identidade.

Transexual	Homem	Mulher
Sexo biológico (características genotípicas e fenotípicas do corpo)	Homem.	Mulher.
Identidade sexual (quem acredita ser)	Feminina.	Masculina.
Papéis sexuais (como se comporta)	Femininos.	Masculinos.
Orientação do desejo (a quem deseja)	Na grande maioria heterossexual, mas podem ser homo ou bissexuais.	Na grande maioria heterossexual, mas podem ser homo ou bissexuais.

Imagine que você, no instante em que lê este livro, olha para seu corpo e percebe que ele é do sexo oposto ao seu. Se você é um homem, imagine que possui mamas e uma vagina, e se é mulher, imagine-se de peito largo e cabeludo, com um pênis e um saco escrotal. Não bastando, imagine-se pegando os seus documentos e lá vendo registrado esse novo sexo, e que todos as pessoas à sua volta reconhecem você por esse sexo estranho.

É difícil imaginar essa situação, mas já vale pela estranheza que ela proporciona, que é semelhante à que se instala na vida de um transexual, desde a sua infância, e permanente por todos os dias de sua vida.

Os transexuais sentem um desconforto enorme ao olhar para os seus genitais. Muitos não conseguem nem se lavar direito, não se tocam e não permitem que outra pessoa os toque. No caso dos biologicamente homens, tentativas de mutilação do pênis podem ocorrer, tamanha a aversão de não ter o seu corpo em correspondência com o seu sentimento.

A grande maioria dos transexuais são confundidos erroneamente com homossexuais. A transexualidade, ou transexualismo, como querem alguns, não é orientação de desejo, mas uma não-identificação com o corpo biológico. Um transexual masculino, ou seja, que tem o sexo biológico masculino mas sente-se e percebe-se como mulher, possui identidade ou "alma" feminina e quer se relacionar com um homem, tendo, conseqüentemente, o desejo de uma relação heterossexual.

Podemos dar outro exemplo: um transexual masculino, ou seja, a pessoa com o sexo biológico masculino, mas que se sente uma mulher e possui identidade feminina, pode desejar se relacionar sexualmente com uma mulher. Conclui-se que a identidade é feminina independentemente da orientação do desejo. Neste segundo exemplo, esse transexual teria a sua orientação afetiva sexual homossexual.

A base da compreensão da transexualidade é entendermos que o sexo biológico não corresponde à identidade e que independe da orientação do desejo. Isto nos faz confirmar que a identidade sexual não é tão estruturada assim no físico do indivíduo, mas está muito mais enraizada na percepção que a pessoa tem de seus sentimentos e conceitos sobre si mesma.

Hoje em dia já é permitida a reparação do sexo biológico para estas pessoas, acompanhada das mudanças legais necessárias para troca de nome.

Ronaldo Pamplona, em seu livro *Os onze sexos*, nos lembra que existem também transexuais secundários, ou seja, "pessoas que só revelam a sua identidade de gênero bem mais tarde, em idade adulta" (p. 163). Estes casos são muito difíceis de enquadrar em diagnósticos, sendo necessário um acompanhamento psicoterápico longo e profundo para se ter realmente essa certeza.

Idéias importantes sobre transexualidade

Os transexuais são biologicamente normais e sentem que seu corpo não corresponde à sua "alma".

A diferença do transexual em relação a outras formas de composição da sexualidade está na identidade sexual, ou seja, em quem acredita ser.

Os transexuais, em sua maioria, são heterossexuais.

Hermafroditas

Hermafroditas são pessoas que nascem com uma anormalidade biológica, ou seja, com as características dos órgãos sexuais dos dois sexos.

Hermafrodita	Homem e mulher
Sexo biológico (características genotípicas e fenotípicas do corpo)	Características sexuais dos dois sexos.
Identidade sexual (quem acredita ser)	Masculina ou feminina, dependendo de qual seja o sexo biológico considerado predominante.
Papéis sexuais (como se comporta)	Masculinos ou femininos, de acordo com a identidade.
Orientação do desejo (a quem deseja)	Tanto homo quanto hetero ou bissexual.

Durante a formação do feto, pode ocorrer um erro na combinação cromossômica ou uma mutação no código genético, ou ainda um desequilíbrio na dosagem hormonal – são as conclusões mais prováveis –, e forma-se um ser humano com "órgãos sexuais dúbios, onde os sexos, macho e fêmea, são fundidos" (p. 192), como afirma Pamplona. Esta má formação pode se dar tanto nos órgãos genitais externos quanto nos internos.

Os hermafroditas, em sua grande maioria, não possuem esses órgãos com aparência adulta. O pênis é de tamanho reduzido, com capacidade ejaculatória mas raramente apresentando espermatozóides. A vagina e a vulva são de aparência infantil, havendo apenas uma pequena menstruação. Internamente, o hermafrodita pode ter testículos e ovários.

A partir da década de 60 começaram a ser desenvolvidas as cirurgias de correção do aparelho genital. Hoje, quando o hermafroditismo é percebido no nascimento, o bebê é logo encaminhados para uma cirurgia de correção de sexo. Geralmente, os médicos optam por deixar aquele genital que a criança tem mais desenvolvido. Na adolescência, às vezes faz-se necessária a correção hormonal com medicamentos, devido a uma ligeira baixa na produção de tais e quais hormônios.

A identidade sexual do hermafrodita vai se construir em parte baseada na sua educação. Já percebemos que o sexo genital não é a base da identificação, e que esta reside em quem o sujeito sente ser, como as pessoas o tratam e como ele se comporta socialmente.

A atração sexual destas pessoas também tem a mesma multiplicidade de orientações sexuais. Tanto podem ser hetero, homo ou bissexuais.

Idéias importantes sobre hermafroditas
São pessoas que nascem com as características sexuais dos dois sexos biológicos.
A identidade sexual do hermafrodita vai ser determinada pela forma com que é tratado desde a sua infância.
A cirurgia é a melhor forma de se reparar essa anomalia física.
A orientação do desejo sexual do hermafrodita pode ser homo, hetero ou bissexual.

Intersexuais

Diferentemente dos hermafroditas, os indivíduos intersexuais são pessoas que apresentam anomalias na formação dos órgãos e do aparelho sexual sem apresentar traços de possuir ambos os sexos. As cirurgias reparadoras e o tratamento hormonal também são a recomendação sugerida para esses casos.

Primeira sugestão de aula

Após aula expositiva sobre as diversidades sexuais, aplicar a atividade que segue para que os alunos compreendam melhor a transexualidade, tema em destaque constante na mídia e de maior dificuldade de entendimento.

Material: Etiquetas adesivas brancas e grandes, que serão utilizadas para identificação.

Procedimento: Solicitar que os alunos formem duplas, dando preferência para que sejam compostas de um homem e uma mulher. Cada pessoa da dupla deve então dar ao outro um nome do sexo oposto ao seu biológico e escrever este nome do crachá do companheiro. Por exemplo, na dupla feita por Fernando e Lúcia, Fernando atribui a Lúcia um nome masculino (que pode ser Lúcio) e Lúcia atribui a Fernando um nome feminino (que pode ser Fernanda).

Após esta escolha, as duplas tentam conversar sobre assuntos variados, tratando-se pelo sexo do crachá. Por exemplo, Fernando, que agora é Fernanda, deve conversar com Lúcia, agora Lúcio, tratando-a como se fosse um homem que gosta de assuntos tipicamente masculinos, e Lúcia-Lúcio deve falar com Fernando-Fernanda como se este gostasse de assuntos tipicamente femininos. Para essa discussão, dez minutos devem ser tempo suficiente.

Num terceiro momento, solicitar que os alunos continuem com o crachá com o nome do sexo biológico invertido e façam um grande círculo para discussão. Colocar as seguintes questões para os alunos:

– Ao serem chamados por outro nome e tratados de acordo com este nome, vocês sentiram que seu sexo biológico também mudou?

– Mesmo havendo essa desarmonia entre seu sexo biológico e seu nome, como vocês se sentiriam se a partir desse momento fossem chamados por este novo nome e tratados dessa forma?

Por último, fechar a dinâmica demonstrando aos alunos o quanto é difícil para os transexuais a situação que eles acabaram de vivenciar, ressaltando que o problema-chave do transexual é ter o sexo biológico em oposição ao de sua identidade sexual.

Sugerimos, se achar que os alunos são participativos e têm intimidade com dinâmicas, acrescentar a troca de acessórios e peças de roupas para que o personagem fique mais caracterizado. Neste caso, providenciar antecipadamente algumas peças de roupas e acessórios dos dois sexos.

Segunda sugestão de aula

Outra forma de abordar o tema dinamicamente é convocar a classe para assistir ao filme *Minha vida em cor de rosa*, fácil de ser encontrado em locadoras, que trata o tema de forma clara, correta e sensível, podendo ser apresentado antes do conteúdo teórico. Após a exibição, promover uma discussão, esclarecendo o conceito de transexualidade e exemplificando com o personagem do filme.

5

Travestis, transformistas, *drags* e *cross-dressers*

Importância do tema
Compreender os diferentes tipos de transgêneros, dado serem abordados pela mídia de forma constante porém confusa ou errônea. Despertar a consciência de gênero que o comportamento desviante dos transgêneros realça, convidando a uma maior aceitação ética em lugar da agressividade comumente demonstrada pelos jovens.

Travestis

Existem dois tipos de travestis. Um deles, que chamaremos de clássico, é o homem ou a mulher heterossexual, ou seja, a pessoa que tem a orientação do seu desejo pelo sexo oposto; que se sente e se comporta de acordo com o seu sexo biológico, isto é, assume na maioria das vezes papéis sexuais de acordo com o seu gênero, mas que para manter uma relação sexual satisfatória necessita usar uma peça da vestimenta ou a roupa inteira do sexo oposto ao seu. Por exemplo, travesti clássico é o homem que deseja uma mulher mas que precisa vestir uma peça de roupa feminina para poder se excitar e ter prazer na relação.

Com a mulher esse comportamento também ocorre mas muitas vezes passa desapercebido para o homem. Ela veste uma camisa ou uma cueca dele, o que geralmente o excita muito. Quando o homem se traveste, a mulher pode sentir uma estranheza, confundindo esse comportamento com homossexualidade. Não é o caso.

Quase todos nós temos um componente de travestismo. Para se dizer que uma pessoa é de fato travesti, ela precisa sentir prazer exclusivamente desta forma. As pessoas que conseguem se excitar e ter relações sexuais sem o recurso da vestimenta, utilizando-o como uma variação da performance sexual, não são consideradas travestis.

Outro tipo de travesti, que chamaremos de popular, é talvez o mais conhecido e o que mais confusão provoca. São pessoas biologicamente identificadas com o seu sexo de nascimento e que se sentem tanto homens quanto mulheres, na maioria das vezes, ao mesmo tempo. É como se eles fossem "hermafroditas mentais", afirma Ronaldo Pamplona (p. 151). Como regra geral, o travesti popular não quer mudar de sexo biológico e a orientação do seu desejo é, quase sempre, direcionada para uma pessoa do mesmo sexo que o seu. Mas encontramos muitos que são bissexuais e outros tantos heterossexuais.

Como se sentem homens e mulheres ao mesmo tempo, vão adaptando seu modo de vestir e de se comportar a uma forma que corresponda aos dois sexos. Na maior parte das vezes, os travestis masculinos demonstram uma tendência a exacerbar trajes e roupas femininos, enquanto as travestis femininas se comportam como machões exagerados.

Apesar de não existirem muitas pesquisas a respeito, sabe-se que travestis do sexo feminino existem em quantidade, mas atraem menos atenção porque é mais fácil uma mulher disfarçar o corpo e o rosto como masculinos do que o contrário, e porque nossa sociedade sexista acha muito mais "compreensível" uma mulher querer se vestir como um homem do que um homem assumir a aparência de uma mulher. Estas travestis são vistas erroneamente como lésbicas ou "mulheres-macho", ou são mesmo confundidas com homens.

Nos travestis masculinos, mais estudados e visíveis, sabemos que o desejo sexual é voltado para um homem heterossexual e não para homossexuais ou outros travestis. Como eles se sentem também mulheres, sua busca é por um complemento de relação heterossexual. Os travestis masculinos não são, portanto, homens homossexuais, já que a identidade dos homossexuais é sempre igual à do seu sexo biológico. Apesar de tanto os homens homossexuais quanto os travestis masculinos se relacionarem com homens, o desejo do travesti é mais heterossexual porque sua identidade é em parte feminina.

Alguns travestis masculinos sentem este componente feminino de sua identidade tão acentuado que mudam o corpo, injetando silicone nos peitorais e quadris e tomando hormônios em busca de formas mais arredondadas e femininas. Outros não sentem essa necessidade e conseguem viver parte do dia vestidos como homens.

Muitos travestis masculinos se prostituem para poder sobreviver, pois é comum que a família os abandone, deixando-os com uma educação incompleta que, somada ao preconceito social contra a sua aparência, resulta em uma grande dificuldade para arrumar um trabalho. Alguns conseguem trabalhar em ambientes onde a freqüência é, na sua maioria, de mulheres (como salões de cabeleireiros), e outros mais talentosos se transformam em excelentes artistas.

Não se sabe porque algumas pessoas têm a identidade mista, ou seja, com componentes masculinos e femininos, mas mesmo o contato mais superficial demonstra que não se trata de uma escolha voluntária. Travestis masculinos e femininos se comportam de maneira diferente do papel atribuído a seu sexo natal porque sentem que esta é a forma que melhor combina com a imagem que fazem de si mesmos.

Será que alguém mudaria o próprio corpo e se vestiria de forma contrária aos costumes, com conseqüências econômicas muitas vezes desastrosas, por simples "sem-vergonhice"? Ou será que é a medicina que está atrasada no aprofundamento dos estudos desse comportamento?

Idéias importantes sobre travestis
Há diferentes tipos de travestis.
O travesti clássico necessita das vestes do sexo oposto para excitação sexual.
O travesti popular sente-se homem e mulher ao mesmo tempo, transformando o seu corpo para que apresente características dos dois sexos.
A orientação sexual do travesti pode ser homo, hetero ou bissexual.

Transformistas

Transformistas são pessoas que se vestem com roupas do sexo oposto ao seu, hoje em dia principalmente para shows de dublagem de cantoras ou imitações de artistas e astros famosos. É mais comum encontrarmos homens transformistas, mas as mulheres também se transformam em personagens que desejam representar.

Muitos atores já ficaram famosos com personagens que desenvolveram do sexo oposto. Durante toda a Antigüidade e até a Renascença, travestir-se fazia parte do trabalho teatral porque não se admitiam mulheres no palco. Todos os papéis femininos eram representados por meninos ou homens efeminados.

A orientação sexual dessas pessoas é independente de seu papel no palco, podendo tanto ser hetero como homo ou bissexual. Esse transformar-se é sentido pelas pessoas que o fazem como uma profissão ou um divertimento, sem interferências na sua forma de sentir ou desejar alguém eroticamente.

Idéias importantes sobre transformistas
Transformistas são pessoas que se travestem com roupas do sexo oposto para performances em shows.
Podem ser homens ou mulheres.
Não há ligação com sua orientação sexual, podendo ser hetero, homo ou bissexuais.

Drag queens e drag kings

O fenômeno das *drags* já é conhecido dos brasileiros há muito tempo, porém com outro nome. No carnaval, sempre vimos pessoas se fantasiando com roupas do sexo oposto ao seu e brincando caricaturalmente com o personagem que criavam. Só que, agora, este comportamento é praticado em muitos países por pessoas com grande exposição na mídia, como o pioneiro Ru Paul.

No Brasil, ainda é raro vermos a mulher se vestindo de homem (*drag king*), mas nos Estados Unidos e na Europa, principalmente na Inglaterra, essa é uma brincadeira mais freqüente.

A *drag queen* é um homem que está em harmonia com seu sexo biológico, se sente e se percebe como um homem, e se veste com as roupas do sexo oposto para brincar com o papel de mulher. Seus trajes, assim como maquiagens e gestos, são de um feminino exacerbado, que dificilmente encontraríamos numa mulher. Geralmente desenvolvem um personagem, que pode ser desde a sádica até a "mãe de noiva", e vão se aperfeiçoando dentro desse papel. Nas grandes cidades elas viraram moda e estão se profissionalizando, sendo convidadas ou contratadas para animar festas.

Drags se diferenciam de travestis porque não sentem ter uma identidade masculina e feminina ao mesmo tempo, nem mudam o corpo para aproximá-lo do sexo oposto. São mais similares aos transformistas, mas enquanto um transformista tenta se aproximar ao máximo da mulher real, uma *drag queen* representa um estereótipo imaginário do que seria uma mulher. Outra diferença é que o prazer do transformista está na arte, não havendo uma erotização da personagem, o que já ocorre com as *drag queens* e os *drag kings*.

A grande maioria dos *drags* se denominam homossexuais, mas também há heteros e bissexuais que se fantasiam desses personagens.

Idéias importantes sobre drags
Criam personagens do sexo oposto, através de roupas e atitudes exageradas, para brincar caricaturalmente com os papéis sexuais. *Drags* podem ser homens ou mulheres, e a sua orientação sexual pode ser tanto homo, quanto bi ou heterossexual.

Cross-dressers

São pessoas que se sentem e se comportam de acordo com o seu sexo biológico mas que, em dado momento, se vestem com as roupas do gênero oposto. Por exemplo: homens que se sentem homens, comportam-se socialmente como tal e, esporadicamente, freqüentam clubes específicos onde se vestem como mulheres e aprendem a se comportar de maneira feminina.

Eles não procuram, como as *drags*, exacerbar uma imagem de "mulher fatal", mas se travestem de acordo com a sua idade, tendendo a buscar a elegância e sofisticação da mulher que poderiam ter sido.

Seu objetivo é encontrar outras pessoas iguais e conversar sobre assuntos que não tenham necessariamente um cunho sexual, já que não buscam encontros afetivos sexuais. A grande maioria desses homens é de heterossexuais casados e seu relato desta vivência específica é de conseguirem dessa forma sentirem mais o seu "lado feminino", entrando em contato com uma sensibilidade que, quando vestidos como homens, não conseguem descobrir dentro de si.

O correspondente feminino de *cross-dresser* é parecido: as mulheres que se vestem de homens são na maioria heterossexuais, vão a clubes específicos e encontram-se com outras mulheres para falar sobre vários temas, sentindo-se mais ativas e próximas de poder desenvolver o seu "lado masculino".

Esse tipo de vivência vem sendo relatado pela mídia há não muito tempo, sendo ainda pouco estudado mas presente nas sociedades ocidentais na forma de clubes de *cross-dressing*. A internet tem ajudado essas pessoas a se encontrar, facilitando a formação de grupos e associações.

Será que este fenômeno não está demonstrando que existem muito mais desvios do masculino e feminino "absolutos" do que imaginamos? Ou que, ao dividir homens e mulheres em pólos tão diferentes, nossa sociedade não estaria forçando nossa natureza mais híbrida, que reagiria criando tipos culturais como os *cross-dressers*?

Idéias importantes sobre cross-dressing
Cross-dressers vestem roupas do sexo oposto buscando a elegância e o mundo afetivo do sexo oposto.
A orientação sexual dessas pessoas, na grande maioria, é heterossexual.

Sugestão de aula

Dividir a classe em quatro grupos e solicitar que cada grupo monte um quadro de composição da sexualidade para cada uma das quatro variações de expressão da sexualidade deste capítulo.

Após o exercício, pedir que um representante de cada grupo coloque na lousa o que tiverem elaborado, corrigindo e discutindo o que tiver sido de compreensão mais difícil.

Travesti	Homem	Mulher
Sexo biológico (características genotípicas e fenotípicas do corpo)	Homem.	Mulher.
Identidade sexual (quem acredita ser)	Masculina e feminina.	Feminina e masculina.
Papéis sexuais (como se comporta)	Predominantemente femininos.	Predominantemente masculinos.
Orientação do desejo (a quem deseja)	Predominantemente homossexual, mas pode ser hetero ou bissexual.	Predominantemente homossexual, mas pode ser hetero ou bissexual.

Transformista	Homem	Mulher
Sexo biológico (características genotípicas e fenotípicas do corpo)	Homem.	Mulher.
Identidade sexual (quem acredita ser)	Masculina.	Feminina.
Papéis sexuais (como se comporta)	Quando em performance, femininos.	Quando em performance, masculinos.
Orientação do desejo (a quem deseja)	Pode ser homo, hetero ou bissexual.	Pode ser homo, hetero ou bissexual.

Drag	Homem (*drag queen*)	Mulher (*drag king*)
Sexo biológico (características genotípicas e fenotípicas do corpo)	Homem.	Mulher.
Identidade sexual (quem acredita ser)	Masculina.	Feminina.
Papéis sexuais (como se comporta)	Quando travestido, brinca com os papéis femininos.	Quando travestida, brinca com os papéis masculinos.
Orientação do desejo (a quem deseja)	Pode ser homo, hetero ou bissexual.	Pode ser homo, hetero ou bissexual.

Cross-dresser	Homem	Mulher
Sexo biológico (características genotípicas e fenotípicas do corpo)	Homem.	Mulher.
Identidade sexual (quem acredita ser)	Masculina.	Feminina.
Papéis sexuais (como se comporta)	Quando travestidos, femininos.	Quando travestidas, masculinos.
Orientação do desejo (a quem deseja)	Predominantemente heterossexual, mas pode ser homo ou bissexual.	Predominantemente heterossexual, mas pode ser homo ou bissexual.

6
Ligações afetivas

> *Importância do tema*
> Orientar os adolescentes sobre a formação de vínculos afetivos e suas conseqüências, colaborando para a compreensão de si mesmos e para o crescimento da responsabilidade afetiva e sexual em relação ao outro.
> Prevenir a gravidez não planejada e a contaminação pelas dsts-aids através de um senso de maior responsabilidade para si mesmos.

Muito se mostra aos adolescentes sobre relacionamentos afetivos, seja pelas novelas diárias na televisão, seja por meio das uniões de seus familiares. Pouco se discute, no entanto, o que cada forma de relacionamento significa e quais suas vantagens e desvantagens.

Este tema pretende dar ao educador a oportunidade de fazer com que seus alunos reflitam sobre esta área tão experimentada mas tão pouco pensada de suas vidas, e que tantas conseqüências – como gravidez, doenças sexualmente transmissíveis, casamentos na adolescência – podem acarretar.

O texto a seguir foi redigido de modo a poder ser lido pelos próprios adolescentes, sendo uma das dinâmicas sugeridas a discussão sobre cada item apresentado.

Necessidade de nos relacionarmos

Todos nós temos necessidade de nos relacionar e criar vínculos, de nos sentirmos queridos e desejados, aprovados e aceitos.

O ser humano, desde o seu nascimento, depende do outro para a sua sobrevivência. Conforme vamos crescendo, a nossa dependência vai se transformando, passando das necessidades físicas para as psíquicas.

Necessitamos do outro para uma existência emocional. Isto pode ser um incômodo ou um prazer. Na verdade, o incômodo e o prazer acontecem concomitantemente. Existe um certo desconforto em percebermos que precisamos do outro, mas é de extrema satisfação quando encontramos alguém com quem nos identificamos e podemos trocar nossas experiências e afetos.

O maior exemplo é quando estamos amando alguém. Quando essa pessoa nos frustra, sentimos ódio e percebemos que nunca alguém vai nos satisfazer em tudo o que desejamos. Mesmo assim, em geral existem outras coisas na relação que são satisfatórias e nos fazem ir em busca dessa pessoa para nos relacionarmos.

O amor parece ser sempre um mistério. Percebemos que algumas pessoas nos atraem mas podem não ser atraentes para nossos amigos, por exemplo. Muitos fatores funcionam nesse momento, a maioria inconscientes.

Não estamos falando aqui da orientação sexual, que determina se o desejo é hetero, homo ou bissexual, mas de quais características despertam o nosso interesse em uma pessoa.

A atração física é muito determinada pelo meio em que vivemos, pela cultura, pela época e pela moda. Os símbolos sexuais são variáveis e flexíveis. Há um século, as mulheres magras eram desprezadas, enquanto as mais gordinhas eram atraentes para os homens. Os homens mais desejados na década de 70 eram supermagros, tinham cabelos compridos e costeletas imensas.

Emocionalmente, "escolhemos" alguém que tenha as características das pessoas que desde a nossa infância nos deram afeto e atenção, como o pai, a mãe, uma tia, um padrinho, ou todos ao mesmo tempo. Procuramos, quando adolescentes e adultos, pessoas com aquelas características e que poderiam suprir o afeto que não tivemos ou resgatá-lo, caso o tenhamos perdido.

Misturando esses dois elementos, a atração física e a emocional, formamos inconscientemente o perfil da pessoa por quem iremos sentir atração. Podemos concluir que esta atração será sempre particular, individual, porque cada um tem uma história e percebe a sua vida de uma determinada forma.

Existem certos aspectos que são comuns e quase sempre desejados numa pessoa com quem se vai tentar um relacionamento. São eles: confiança (segurança), carinho (amor) e respeito (fidelidade física e emocional). Quando uma das pessoas não corresponde a esses aspectos, a relação é abalada e tende a se romper caso não haja um resgate desses fatores.

Consideração e dignidade são características muito importantes para desenvolvermos em nós, porque elas é que vão nos dar mais condições de nos relacionarmos satisfatoriamente com as pessoas em qualquer tipo de relacionamento, seja com um colega de estudos, seja com um grande amor.

Consideração pode ser entendida como a capacidade de respeitar o outro, de se colocar no lugar do outro e tentar compreendê-lo, escutá-lo, percebê-lo em seus desejos e atos. Já a dignidade é a capacidade de sentir-se merecedor, ter apreço por si próprio, valorizar o que de bom se possui e tentar dar ao outro esse melhor e, provavelmente, receber o melhor do outro.

Quando conseguimos desenvolver dentro de nós essas duas características, ficamos muito mais aptos para administrar uma relação afetiva amorosa, que pode acontecer através de uma paixão, de um amor ou de um tesão.

Paixão, amor e tesão

Ao contrário do que popularmente se diz, cega é a paixão, não o amor. Geralmente nos apaixonamos por alguém a quem não conhecemos direito, basta um olhar, um sorriso e a nossa alma se enche de uma sensação de completude. Surge um estado de felicidade e excitação que faz disparar o coração e a outra pessoa se transforma no que existe de mais importante. É incontrolável, prazeroso e, ao mesmo tempo, desesperador. É como se tivéssemos encontrado a pessoa que vamos amar para sempre e que nos fará satisfeitos e felizes pelo resto de nossas vidas.

Cega é a paixão porque não conhecemos a outra pessoa. Às vezes nos apaixonamos por um artista, uma atriz, um professor ou um personagem de um romance ou novela. Nem precisamos nos relacionar com a pessoa, basta a imagem ou a lembrança.

Ficamos presos ao detalhe que nos encanta e imaginamos o todo. Idealizamos a pessoa conforme queremos que ela seja e depois, quase sempre, descobrimos que ela não é como havíamos fantasiado. Ficamos tristes e desconsolados, mas depois muitos de nós se apaixonam novamente, com a sensação ilusória de que sentimos amor e que é dessa forma que ele surge.

O amor, para existir, não pode ser cego, porque no amor cabem os defeitos do outro, ou melhor, suas diferenças. No amor não basta a imagem, tem que haver a outra pessoa. As relações de amor podem começar com uma paixão, só que, como elas implicam conhecimento do outro, é necessário que haja uma aproximação e que se vá verificando se a pessoa desejada corresponde ao que era então sonhado.

Muitas vezes escolhemos alguém para amar não simplesmente pelo que de bonito e gostoso ela tenha ou possa nos oferecer, mas também considerando o que ela não pode nos oferecer, desde que não seja fundamental essa satisfação. Abdicamos sabiamente de querer tudo, conseguindo valorizar e usufruir o que de bom o outro é capaz de nos proporcionar. Nunca uma pessoa vai satisfazer a outra totalmente, as frustrações são inevitáveis porque a insatisfação em nós também o é.

A simples atração física ainda é muito difícil de ser admitida abertamente pelas pessoas. Com isso, muitas relações se complicam, porque as pessoas inventam paixões onde não existem e suportam namoros que não levam a nada mas são recheados de desejo físico. A desonestidade emocional é a maior responsável pelas conseqüências desagradáveis nas relações afetivas.

Claro que nem sempre podemos ou devemos viver o tesão que sentimos, cada qual sabe a melhor hora para as suas experiências. Mas faz parte da responsabilidade sobre nossos atos conseguirmos admitir o que desejamos, ou seja, descobrirmos se é amor, tesão ou paixão aquilo que sentimos, e sermos emocionalmente honestos conosco e com a outra pessoa.

> *Idéias importantes sobre ligações afetivas*
> Todos nós temos necessidade de nos relacionar e criar vínculos, de nos sentirmos queridos e desejados, amados e aceitos, independentemente da nossa orientação afetiva sexual.
> Nunca alguém vai satisfazer *todos* os nossos desejos.
> A atração física é determinada pela cultura, época e moda.
> A mistura entre atração física e emocional resulta nas características da pessoa por quem sentiremos desejo de nos relacionar.
> Dignidade e consideração são aspectos fundamentais para um bom relacionamento afetivo sexual.
> A paixão é cega porque nos faz ignorar os defeitos do outro.
> No amor cabem as qualidades e os defeitos, isto é, as diferenças.
> Amar alguém não é sinônimo de felicidade total na vida.
> Tesão é uma atração física forte.
> Estar pronto para se relacionar afetiva e sexualmente significa ter responsabilidades sobre seus atos e desejos.

Formas de relacionamento afetivo

Estão surgindo novas formas de relacionamento entre as pessoas, algumas inéditas, outras apenas mudando de nome e sofrendo algumas transformações. Todas elas podem ser válidas e satisfatórias para quem as vive, não existindo forma de relacionamento correta ou errada em si. O importante é que as pessoas conheçam as suas vantagens e desvantagens e se responsabilizem ao optarem por viver qualquer uma delas.

O ficar e o rolo

No "ficar" as pessoas se encontram, se beijam e trocam carícias, às vezes chegando a ter relações sexuais. Não está no contrato do ficar o ato sexual, mas sim uma erotização sem compromisso de continuidade. É um treino da sexualidade, sendo a satisfação imediata a tônica, e o prazer da conquista o que se guarda na memória. Existe um componente de competição no ficar que surge nas conversas com os amigos, quando cada um se vangloria de quantos homens ou mulheres conseguiu atrair.

Como no ficar ninguém se responsabiliza por ninguém e não há um dia seguinte, é importante definir os limites da relação para evitarmos conseqüências desagradáveis. Se houver uma relação sexual que resulte em gravidez ou doença sexualmente transmissível, o outro não se sentirá no dever de dividir o problema.

Muitas pessoas escondem a dificuldade de criar vínculos com o ficar, tendo a sensação de estar com alguém quando na verdade só estão com o corpo de outra pessoa. É bom lembrar que tesão mata a fome de tesão e só o afeto mata a fome de afeto.

Ficar com a mesma pessoa várias vezes não significa namoro. Isto é denominado "rolo". O rolo tem todas as características do ficar, mas acrescentando um treino de relação afetiva. O rolo seria um namoro com carinho mas sem compromisso, não exigindo a entrada na esfera de uma relação amorosa. Assim como no ficar, não existe a exclusividade do parceiro. Se as pessoas envolvidas no rolo começam a sentir um afeto maior – paixão ou amor –, automaticamente a relação começa a se transformar em namoro, quebrando o direito que cada um tinha de ficar com outras pessoas.

Namoro

No namoro, como existe amor, já se exige fidelidade, pois fazem parte do amor o ciúme e o desejo de ser único para o outro, coisa nada desconfortável quando as duas pessoas estão envolvidas da mesma maneira. No namoro é que começamos a barganhar as diferenças de gostos, aprendemos a juntar as igualdades e criamos um espaço para o outro na nossa vida. É estando com uma outra pessoa que vamos percebendo como sentimos o próprio amor. Em geral descobrimos que ele pode ser difícil e prazeroso. Difícil, por exemplo, porque nos percebemos com sentimentos de posse e com medo de perder o outro. Prazeroso porque também descobrimos o prazer do sexo feito com amor.

Querer ser a única fonte de felicidade para outra pessoa é uma das maiores dificuldades das relações amorosas, e administrá-la torna-se primordial para o seu sucesso. Todos nós necessitamos de outras satisfações e sentimos prazer em relações com outras pessoas, mesmo quando estamos namorando. Precisamos de vários tipos de vínculos, como de amigos e colegas, e às vezes de ficar sozinhos.

O amor, para ser satisfatório, não tem de preencher toda a nossa vida, mas sim o que compete a ele. Um futebol ou uma novela também nos trazem felicidade, e temos outras necessidades além das amorosas, como de trabalho, família, amizades. Ao tentarmos preencher tudo com nossa relação amorosa, corremos o risco de sufocá-la ou nos sentirmos sufocados por ela.

Casamento

Emprestando a definição de Aurélio Buarque de Holanda, casamento é unir, compartilhar, aliançar. É estarmos juntos com alguém, compartilhando a vida e criando alianças, ou seja, um sendo o melhor amigo do outro, incentivando e dando apoio nas conquistas.

A grande maioria de nós deseja se unir a alguém e manter uma ligação estável, não importa qual seja a sua orientação afetiva sexual. Capacidade para se vincular e desejo de amor, como já vimos, são sentimentos e desejos humanos.

Um dos maiores problemas do casamento é que muitas pessoas, depois que se casam, sentem-se mais seguras em relação ao amor conquistado e esquecem que ele deve ser cultivado constantemente e que o namoro pode ser permanente. O casamento não exclui o namoro, que é a alma dessa união.

Muitas pessoas casam sem serem reconhecidas pela lei, outras casam e conseguem ter um relacionamento monogâmico feliz, outras optam por uma aventura sexual esporádica, outros tantos se envolvem em relações extraconjugais mais firmes, aparecendo então a figura do amante (muitas vezes com o conhecimento e o consentimento do seu parceiro ou parceira). Há também os casamentos em que as pessoas moram em residências separadas e, até mesmo, em cidades diferentes. Enfim, existem muitas formas de se relacionar e ter um casamento. As pessoas podem descobrir qual é a melhor forma de casamento para si e desenvolver o mais importante, sua capacidade de amar.

Idéias importantes sobre formas de relacionamento afetivo
Todas as formas de relacionamento, independentemente da orientação afetiva sexual, podem ser válidas e satisfatórias, não existe forma correta ou errada em si.

O "ficar" é um treino para a sexualidade sem compromisso e com distanciamento afetivo.

No ficar não cabe responsabilidade de um pelo outro, portanto é importante refletir sobre as atitudes a serem adotadas para evitar conseqüências como uma gravidez indesejada ou dst/aids.

O "rolo" é um treino para a relação afetiva, mas não exige a exclusividade de parceiro.

No namoro, amor e fidelidade são importantes.

No namoro é que começamos a administrar as diferenças, organizar nossos sentimentos e sentir que o ato sexual não é apenas físico, mas que muitos sentimentos estão envolvidos nele.

Casamento é a união, o compartilhamento e a aliança entre as pessoas.

No casamento e em todas as outras formas de relacionamento, as conquistas individuais devem ser respeitadas e incentivadas pelo(a) parceiro(a).

Podem existir muitas formas de casamento; o importante é encontrar a melhor para si e para seu (sua) companheiro(a).

Sugestão de aula

Dividir a classe em quatro grupos e determinar que cada um fique com uma das formas de relacionamento afetivo: rolo, ficar, namoro e casamento.

Pedir que cada grupo escreva quais são as vantagens e desvantagens da forma de relacionamento que lhe foi designada. Quinze minutos devem ser suficientes para esta tarefa.

Depois, formar um grupão e pedir que um representante de cada grupo apresente suas idéias para a classe. Promover a discussão para que todos os alunos tenham chance de externar suas opiniões.

Após essa estratégia, podem-se repassar as idéias mais importantes levantadas pelos alunos e dar o texto deste capítulo para leitura ou comentar algum ponto que não tenha sido abordado.

7

Garotos e garotas de programa

> *Importância do tema*
> A prostituição juvenil tem aumentado significativamente, tornando necessária uma reflexão sobre as conseqüências desta atividade na vida dos adolescentes.

Garoto(a) de programa é um novo rótulo para uma atividade antiqüíssima: a prostituição. Ela agora se apresenta, no entanto, com características um pouco diferentes de sua imagem clássica. Em lugar de meninas e mulheres pobres fazendo ponto nas ruas, garotas e garotos de programa têm no máximo trinta anos, uma aparência bem atraente e nem sempre são de uma classe social baixa.

Nas grandes cidades, vão a bares e boates chiques, onde os clientes já sabem que vão encontrá-los, anunciam seus serviços em jornais ou fazem parte de falsas agências de modelos. As mulheres não ficam na rua, apenas os homens. Como muitas vezes esses meninos e meninas freqüentam uma escola ou universidade e não precisam do que ganham para sobreviver, dizem escolher os clientes. Na verdade, estão sempre subjugados a quem os contrata. Mesmo que se prostituam para pagar viagens, carros, roupas de grife, drogas, cursos caros e apartamentos luxuosos, ainda assim estão se vendendo.

A cada dia que passa podemos perceber que essa atividade está aumentando. As vantagens? O dinheiro imediato e a valorização do corpo. Estes dois elementos são muito sedutores numa sociedade que respeita a pessoa por aquilo que ela possui e pelo físico que exibe. O adolescente acaba sendo levado a pensar: "Para que me matar de estudar se depois não vou ter um emprego e, se tiver, não poderei viver do salário que irão me pagar?"

Esse adolescente pode até ter uma certa razão, mas não precisamos só de estabilidade financeira. Temos igual necessidade de estabilidade emocional, justamente a que é mais prejudicada pela prostituição.

Os garotos de programa se denominam, na sua maioria, heterossexuais, apesar de praticarem relações homossexuais em troca de dinheiro, mantendo namoradas fixas que não sabem de suas atividades "profissionais". As mulheres também se denominam heterossexuais mas, quando necessário, transam igualmente com outras mulheres e não costumam ter namorado fixo.

Após algum tempo nessa atividade, o uso de drogas se torna comum. Sua utilidade é aumentar o grau de suportabilidade do sexo com pessoas diferentes e estimular o tesão, para que o "trabalho" seja mais satisfatório antes, durante e depois.

Os homens que se prostituem recebem da mídia um status de garanhões hiperpotentes, o que estimula a sua atividade e dá uma ilusão de aceitação social. As pessoas mais próximas, no entanto, com certeza os discriminam. Já as garotas de programa são socialmente desvalorizadas e comumente chamadas "prostitutas de luxo".

Todos iniciam essa vida com a fantasia de que não sofrerão conseqüências desagradáveis. Pode até ser que alguns o consigam, mas são minoria. Porque a sexualidade, que é a matriz de nossa expressão na vida, fica abalada, banalizada e desvalorizada pela prostituição. O afeto, que é parte integrante da sexualidade, fica reprimido em função da dificuldade de criar vínculos afetivos que não sejam por um interesse econômico-sexual.

Esses garotos e garotas geralmente são marginalizados por grupos diferentes e introjetam essa marginalização. A solidão pode virar a tônica. A sociedade os exclui, a família em geral se distancia. Muitos ficam psiquicamente condenados a continuar nesta vida, e passam a se relacionar cada vez mais profundamente com o mundo da prostituição, encontrando ali, talvez, suas relações mais íntimas.

Há um limite muito tênue entre aproveitar as vantagens da prostituição e ser engolido pelas desvantagens. As vantagens são palpáveis e imediatas, enquanto as desvantagens são psíquicas e surgem posteriormente, como um efeito colateral a médio e longo prazo. O difícil de ser percebido é que esta atividade alimenta o ego, ou seja, no momento em que se é cortejado há um discurso de sedução que faz bem e engrandece momentaneamente a imagem pessoal. Após o gozo isso se perde, o ego murcha e fica a necessidade de encontrar outra pessoa que o valorize. O que alimenta a alma é quando o sexo é feito espontaneamente, com vínculo de afeto.

Uma das formas dos garotos e garotas de programa contraírem o vírus da aids é relacionarem-se sexualmente com clientes que oferecem uma recompensa financeira maior para não fazerem sexo seguro, favorecendo desta forma a contaminação pelo hiv.

Quem busca o garoto ou a garota de programa? Geralmente, as mulheres que procuram os garotos de programa estão acima dos quarenta anos e desejam realizar fantasias para diminuir suas frustrações sexuais. Algumas estão recheadas de insatisfação, sentem-se abandonadas e fragilizadas, e buscam algo novo para combater seu desconforto. Muitas sentem culpa e vergonha ao viver o prazer pelo prazer, algo ainda muito condenado pela nossa sociedade para a mulher, e sentem-se promíscuas ao efetuar o pagamento.

Para outras mulheres, o pagamento, além de dar uma sensação de poder, diminui a culpa, descaracterizando de alguma forma psíquica a sensação de traição. A experiência com o sexo pago seria apenas uma vivência de fantasias sexuais, sem qualquer ligação com o amor romântico.

Ocorre ainda de algumas mulheres viverem fantasias românticas ao se relacionarem com um garoto de programa, envolvendo-se emocionalmente e sentindo-se ainda mais frustradas e abandonadas.

Os homens que buscam uma garota ou um garoto de programa são de faixa etária variável, geralmente acima de quarenta anos. O determinante nesses homens não é idade, mas a condição financeira. Diferentemente das mulheres, os homens dificilmente sentem o conflito da culpa, já que estão acostumados e são socialmente reforçados durante toda a vida a buscar o prazer sexual desvinculado do afeto. Geralmente são casados, mas com a esposa só se permitem viver uma relação sexual nos moldes exigidos pela sociedade. Já com a/o garota/o de programa experimentam um sexo mais intenso, sem regras estabelecidas. Homens que têm uma baixa auto-estima e necessidade de exercer poder sobre os outros também encontram-se nesta clientela.

Casais também procuram os profissionais de programa para realizar fantasias de diversas formas de prazer.

A violência ocorre com facilidade, tanto por parte dos clientes como dos profissionais, podendo chegar ao assassinato. Muitas vezes surge devido à quebra do contrato por uma das partes, como o não pagamento ao final do serviço ou a desobediência quanto a uma exigência sexual feita anteriormente.

Idéias importantes sobre garotos e garotas de programa

O desejo de consumir produtos caros ou drogas algumas vezes leva jovens de classe média ou alta a se prostituírem.

Os garotos denominam-se heterossexuais mas em geral praticam atividades homossexuais.

A sexualidade, ou seja, a afetividade que acompanha a vida sexual geralmente fica prejudicada, resultando em dificuldade de envolvimento amoroso.

A possibilidade de garotos e garotas de programa se viciarem em drogas e se contaminarem pelo vírus hiv-aids é constante.

As conseqüências psíquicas mais traumáticas vêm a longo prazo e não no momento em que a prostituição é vivida.

Primeira sugestão de aula

Antes da aula teórica, perguntar aos alunos o que pensam e sentem a respeito do tema. Considerando as questões levantadas, apontar as implicações dessa polêmica atividade com tranqüilidade e evitando um julgamento moral absoluto, já que não é inteiramente impossível que um de seus alunos a esteja praticando.

Segunda sugestão de aula

Após a aula teórica, solicitar à classe que se divida em dois grandes grupos, sendo que um deverá escrever a história de uma garota de programa e o outro de um garoto de programa, começando dos motivos que os levaram a iniciar essa atividade até atingirem 40 anos. Colaborar com os alunos para que pensem onde esses profissionais do sexo moram e estudam, os lugares que freqüentam e as conseqüências da vida destes personagens.

Terceira sugestão de aula

Material: papel e caneta.
Procedimento: Dividir a sala em quatro grupos: A , B, C e D. Para cada grupo, dar os tópicos abaixo e propor que discutam e anotem as idéias obtidas.

a) Tem aumentado significativamente a prostituição juvenil.
b) Garotos(as) de programa são jovens de classe média ou alta que muitas vezes se prostituem para adquirir bens ou consumir drogas.
c) A dificuldade de envolvimento amoroso encontra-se presente na maioria dos garotos e garotas de programa.
d) A possibilidade dos garotos e garotas de programa se viciarem em drogas e se contaminarem pelo vírus hiv-aids é constante.

O tempo sugerido é de aproximadamente vinte minutos. Após as discussões, formar um grupão e trocar as idéias que foram levantadas pelos alunos.

8

Perversões sexuais

Importância do tema
As perversões são constantemente abordadas pela mídia, porém de maneira distorcida, seja glamorizada, seja demonizada. Despertam a curiosidade dos jovens, que vivenciam ou fantasiam sobre muitas dessas práticas.

Fetichismo, voyeurismo, exibicionismo e sadomasoquismo, entre outros, são manifestações sexuais denominadas perversões porque não são consideradas normais pela sociedade ou pela medicina.

A grande maioria dos perversos tem a consciência de estar fazendo algo que foge das regras e dos costumes, mas não consegue ter controle sobre suas ações. A perversão é considerada uma doença psíquica porque é um ato incontrolável e não vincula o prazer sexual a outra pessoa em sua integridade, porém a partes do corpo ou a objetos que façam referência a essas partes (calcinhas, cuecas, meias, chapéus, cordões, sapatos, etc). Pode haver também uma fixação por objetos eróticos sem qualquer ligação com o corpo, como chicotes, cremes adocicados, correntes, tintas etc.

Por que uma pessoa é assim? A origem da perversão está sempre ligada a algum trauma infantil ou a uma sucessão de fatos que a criança associa no seu inconsciente. Para saber os motivos é necessário um trabalho psicoterápico profundo, em que a pessoa e o terapeuta investiguem e tragam para o consciente as lembranças dos fatos que determinaram esse comportamento.

A perversão pode ser encontrada tanto em homens como em mulheres homo, bi e heterossexuais. É mais freqüente nos homens, independentemente de sua orientação de desejo. O perverso sexual é uma pessoa doente que *sofre* com esse comportamento e necessita, assim como outros doentes, de tratamento.

Contudo, "não se pode nem se deve confundir perversão com perversidade. A perversidade é um defeito de caráter. Tudo faz crer que é anormal, e que impele o indivíduo para o mal, levando-o a realizar ou desejar certos atos regido apenas pela índole ferina", conforme afirma Gilda Fuccs em seu livro *Por que o sexo é bom?* (p. 279).

As fantasias perversas são completamente diferentes dos atos perversos. As pessoas não raro fantasiam sobre uma ou outra perversão e chegam a experimentá-la alguma vez. Sentir curiosidade e escolher uma perversão como um jogo erótico ou uma variante sexual não é considerado doença, mas sim uma outra forma de se satisfazer. Não se trata de doença porque a pessoa vive a sua sexualidade de uma forma completa e controlável e não como um ato compulsivo, sem o qual não consegue se satisfazer.

Brincadeiras e jogos sexuais são estimulantes e podem contribuir para uma vivência melhor da sexualidade. Para o sexo ser considerado sadio é necessário que seja sempre feito com o consentimento do outro e que não cause danos físicos, morais ou psíquicos às pessoas envolvidas.

Vamos a algumas perversões consideradas mais freqüentes na sociedade.

Voyeurismo

A pessoa sente atração e gratificação sexual somente assistindo ou escutando uma situação erótica ou observando as zonas erógenas de alguém. Esse comportamento não é considerado uma perversão em adolescentes porque nessa idade faz parte da descoberta da sexualidade. É considerada uma perversão quando o indivíduo atinge a idade adulta e consegue somente dessa forma uma gratificação sexual. Os *voyeurs* são pessoas que têm medo de não conseguir desempenhar o ato sexual e vivem o sexo do outro como se fosse o seu. É muito comum usarem binóculos, vídeos pornográficos e até malabarismos na busca por janelas e fechaduras para poder observar o sexo alheio.

Fetichismo

Fetichistas são as pessoas que não sentem atração pelo corpo de outra como um todo, mas se fixam em uma parte, geralmente pés, órgãos genitais, cabelos, mãos ou olhos. Essa fixação pode se dar por meio de um objeto que represente essas partes, como sapatos, cuecas, luvas, pentes ou óculos. O fetichista é inseguro sexualmente e usa os fragmentos do corpo ou objetos que os representam para conseguir se excitar sem medo de falhar.

Sadomasoquismo

O sadomasoquismo é um misto de duas perversões: sadismo e masoquismo. O sadismo é a forma de obter prazer provocando dor em outra pessoa. Essa dor tanto pode ser física como psíquica. O masoquista sente prazer em sofrer, tanto física como psicologicamente. Em uma relação sadomasoquista, o prazer só ocorre se há dor, violência ou dominação, o que garante o sucesso do ato sexual. O poder e o desamparo, o domínio e a submissão, a segurança e a fraqueza são as temáticas psíquicas constantes nessas práticas sexuais.

O que geralmente ocorre com o psiquismo do sádico é a sensação de poder sem limites contrapondo-se a um sentimento de inferioridade impossível de ser vinculado ao ato sexual. Já o masoquista se utiliza dessa prática para se livrar de todas as suas culpas em relação ao ato sexual e de seu sentimento de superioridade, abstendo-se de responsabilizar-se pelo seu desejo e abrindo mão do controle de si para o outro.

Existem várias práticas diferentes que têm um fundamento sadomasoquista. Por exemplo, a fantasia de uma mulher que se veste de menina e quer que seu parceiro seja o pai que vai castigá-la. As fantasias com cera quente de velas, amarrações em camas, podendo chegar até as de torturas com correntes, chicotes, etc. sempre dentro de uma relação entre dominado e dominante.

Narcisismo

Na mitologia grega, Narciso era um jovem belíssimo que um dia olhou para um lago e apaixonou-se pela sua própria imagem. Narcisistas são, portanto, pessoas enamoradas por si mesmas, pelo seu próprio físico ou intelecto, que vêem o outro como secundário. Dificilmente os narcisistas se relacionam amorosamente, já que não conseguem estabelecer uma conexão em que haja troca. Quando se relacionam, buscam uma pessoa que não abale sua relação de amor consigo mesmos, mas que só confirme o que de belo eles sentem ter. Muitos dos garotos e garotas de programa são narcisistas, e seus clientes só servem para confirmar quão belos e desejáveis são. Sexualmente, são pessoas que não só estão despreocupadas com o prazer do outro como utilizam-no para manter o ego inflado.

Exibicionismo

O grande prazer dos exibicionistas é chamar atenção para si. Trata-se de um comportamento considerado patológico quando essas pessoas mostram os genitais ou ficam nuas em lugares públicos, podendo ou não masturbar-se. Dificilmente procuram uma relação sexual. O prazer do homem exibicionista pode estar no susto, desconforto ou admiração que a outra pessoa sente ao olhar para seu pênis, e é internalizado por ele como medidor de auto-estima. As mulheres mostram o corpo nu abrindo casacos e também causando espanto, com o objetivo de serem percebidas como pessoas e descaracterizarem o erotismo de seu corpo.

Uma outra forma de exibicionismo, menos grave, é o homem adulto ficar se masturbando em frente ao espelho, fixado no tamanho de seu pênis. Isto porque, para muitos, o tamanho do pênis está vinculado ao amor-próprio. Essa última prática é comum na adolescência pelo fato de o corpo estar em formação, e não se caracteriza como uma perversão.

Necrofilia

Necrofilia é a atração por pessoas extremamente passivas, que não demonstrem resistência ou reação em relação ao ato sexual.

A abordagem para uma relação sexual é sempre feita quando o parceiro está sonolento ou imóvel. Existem casos de necrófilos que chegam a drogar o parceiro com comprimidos ou álcool, geralmente sem o seu consentimento. Nas grandes cidades, é comum uma pessoa consumir em locais públicos, sem saber, bebidas que contenham sonífero para então ser estuprada ou roubada, golpe chamado de "boa noite, Cinderela". A droga pode provocar até uma parada cardíaca na vítima. A anomalia extrema da necrofilia é a violação de túmulos ou necrotérios para ter relações sexuais com cadáveres, ou matar alguém para depois manter relações sexuais com o corpo da vítima.

Hipererotismo

O hipererotismo, ou compulsão sexual, é chamado no homem de *satiríase* e na mulher, de *ninfomania*. Trata-se de pessoas que têm uma vontade incontrolável de manter relações sexuais. A falta de controle é o que determina a compulsão e não simplesmente o desejo. O desejo não está vinculado apenas ao coito, mas também às suas preliminares.

Há o hipererótico chamado de constitucional, que busca no sexo a satisfação que não está nele, como preencher uma carência de atenção, carinho ou até amor. A ninfomaníaca é a mulher que, fixada em pênis, busca compulsivamente atingir o orgasmo que nunca sentiu ou, se sentiu, um que seja maior do que todos os outros. Não é raro encontrarmos ninfomaníacas anorgásmicas.

Existem causas orgânicas para o hipererotismo, como desequilíbrios hormonais e alguns tumores cerebrais. Às vezes, pode acontecer essa manifestação por um período na vida da pessoa, um início de namoro, por exemplo. Isto descaracteriza uma patologia.

Urolagnia e urofagia

Urolagnia é a perversão das pessoas que só conseguem excitação sexual vendo ou ouvindo sons de urina ou defecação. Urofagia é a excitação sexual através da ingestão de fezes ou de urina.

Coprolalia

Para as pessoas que sofrem de coprolalia, as palavras obscenas são indispensáveis para a satisfação sexual. Às vezes, basta que as palavras sejam de cunho pejorativo em relação ao ato e ao caráter da pessoa.

Cromoinversão e etnoinversão

A cromoinversão ocorre quando a pessoa só consegue sentir prazer com alguém de cor diferente da sua. A etnoinversão se dá quando só se sente atração e prazer com uma pessoa de outra etnia.

Riparofilia

Riparofilia é a perversão de que sofrem as pessoas que só se excitam ao manter relações sexuais literalmente sujas, como com mendigos.

Pluralismo

No pluralismo, a única forma de satisfação é o sexo com mais de uma pessoa ao mesmo tempo.

Zoofilia

A zoofilia é considerada uma perversão quando o indivíduo tem a opção de se relacionar sexualmente com um ser humano mas prefere ter relações sexuais com animais de médio e grande porte.

Pedofilia e infantilismo

A pedofilia talvez seja a perversão que mais nos incomode e deixe indignados. Ela consiste no adulto que sente atração sexual por crianças (e não adolescentes, como costumeiramente se pensa), e tenta algum tipo de contato sexual.

A abordagem é feita primeiramente de forma verbal, depois mostra-se o órgão sexual e, quando a criança é persuadida, propõe-se a masturbação. Muitas vezes chega-se a uma concretização do coito, denominada abuso sexual infantil seguido de estupro.

Antigamente, acreditava-se raro esse tipo de ocorrência, mas estima-se que mais de 50% das crianças já tenham sido molestadas ou abusadas sexualmente. Não há forma de se ter o número exato, pois muitos casos não são denunciados. Geralmente, quem comete o abuso é algum adulto próximo da criança, como um tio, padrinho, vizinho, empregado ou, em alguns casos, até o próprio pai.

Acreditava-se que todas essas pessoas eram homossexuais, mas isto não corresponde à realidade. Tanto heteros quanto homossexuais podem ser pedófilos. Os indivíduos que praticam a pedofilia são fracos e inseguros. Como não conseguem exercer uma função de poder com adultos, vão buscar crianças, que lhes parecem menos ameaçadoras. Em geral, tentam reprimir a sua vontade mas se sentem compelidos, arriscando-se muitas vezes a ser descobertos. Inconscientemente, desejam ser descobertos para que o "mundo" imponha limites às suas atitudes.

Homens e mulheres pedófilos, em sua grande maioria, sofreram abuso quando crianças, mas isso não significa que todas as crianças abusadas terão esse comportamento. O trauma e as conseqüências variam muito de criança para criança, mas geralmente essas pessoas apresentam problemas em seus vínculos afetivos e sexuais quando mais velhas. Muitas crianças também se "esquecem" do fato, conseguindo levar uma vida adequada. O ideal nesses casos é que, se possível, a pessoa que tenha passado por essa experiência procure uma psicoterapia para ajudar a se desvencilhar da carga dessa história e resgatar uma vida afetiva sexual mais saudável.

Apesar de verdadeiramente inaceitável, a pedofilia é uma perversão que requer tratamento emergencial e não apenas reprovação.

Todos nós temos algumas dessas tendências guardadas. O que nos diferencia das pessoas que sofrem de perversões é conseguirmos controlar nossos impulsos ou vivê-los como uma alternativa para a nossa sexualidade habitual. O indivíduo perverso está preso às suas perversões e não consegue viver sua sexualidade de outra forma. É um doente e não um criminoso, desde que não tenha matado ou estuprado. Merece e necessita de tratamento, pois na grande maioria dos casos é possível uma mudança de comportamento.

Percebemos também que algumas dessas perversões já estão fazendo parte de nossas vidas como uma variante da sexualidade. Conforme a sociedade avança, transformam-se as atitudes perante a sexualidade. Mudanças são necessárias. A inovação pode ser sempre positiva, desde que preserve e aumente a saúde física e mental do ser humano.

Idéias importantes sobre perversões sexuais

Perversões são práticas sexuais consideradas pela sociedade e medicina como anormais.

Caracterizam-se por serem sentidas de forma compulsiva e descontrolada.

Nas perversões, o prazer está fixado em partes do corpo e/ou objetos.

Quem as pratica geralmente possui senso crítico sobre suas ações e coloca-se em situações de risco (inconscientemente) para ser descoberto.

Homens e mulheres podem ter perversão sexual.

O indivíduo que sofre de uma perversão sexual não tem necessariamente uma perversidade de caráter.

O perverso é preso às suas compulsões e não consegue viver sua sexualidade de outra forma.

Fantasias e brincadeiras sexuais esporádicas com temas de perversão não são consideradas doenças.

Todos nós temos algumas perversões, mas conseguimos controlá-las ou vivê-las como uma alternativa de nossa sexualidade.

O sexo, para ser sadio, precisa ser realizado com o consentimento do outro e não causar danos morais, físicos ou psíquicos aos envolvidos.

Sugestão de aula

Após apresentar o conceito de perversão, dizer o nome de uma delas e pedir aos alunos que escrevam o que imaginam ser seu significado. Proceder assim com pelo menos dez perversões, procurando mesclar as mais conhecidas com as menos conhecidas.

Num segundo momento, solicitar aos alunos que se reúnam em quatro grupos e discutam os seus pareceres. O tempo sugerido para essa discussão é de quinze minutos. Em seguida, esclarecer o significado de cada perversão, utilizando como contribuição as sugestões dos alunos.

9
Aids

> *Importância do tema*
> Tentar diminuir o número alarmante de adolescentes contaminados pelo vírus hiv.

A maioria de nós sabe alguma coisa sobre a aids, desde como evitá-la até as conseqüências para quem se contamina. A informação vem sendo passada por todos os meios de comunicação, formais e informais. Mesmo assim, está crescendo muito o índice de contaminação, principalmente entre os jovens e as mulheres casadas. Percebemos então que só a informação não é eficiente para criar uma nova atitude, sendo necessária uma mudança de comportamento frente às práticas sexuais. Vamos entender os fatores que poderiam colaborar com essa mudança de uma forma mais eficaz.

A dificuldade da prevenção é enorme. Em todos esses anos de campanhas preventivas tem-se falado de sexo como um ato mecânico e desprovido de qualquer carga emocional. No entanto, mesmo o sexo praticado só pelo tesão já implica várias possibilidades de desejos pessoais e de confirmações internas a respeito de potência, virilidade, capacidade orgástica, sedução, valorização do corpo. Ele pode ainda ser um prazer compensatório de outros desprazeres e muitas outras variáveis que não costumam ser levadas em conta quando são feitas as campanhas e aulas de prevenção.

A dificuldade de se falar da sexualidade está levando cada vez mais pessoas a se contaminarem. Falar de sexualidade não é comentar simplesmente suas práticas, mas também as emoções que as revestem. É falando dessas emoções estreitamente ligadas e misturadas ao sexo que poderemos entender a nossa sexualidade. Falar sobre a sexualidade serve também para pensarmos não tão impulsivamente – só sexo –, mas, antes, com controle sobre a nossa própria vida afetiva sexual.

Na década de 70, nossa cultura começou a admitir que sexo sem amor existia e também era bom. Claro que todos já sabiam disso, desde que o ser humano surgiu no mundo, mas foi a partir daquele momento que essas práticas puderam acontecer sem uma punição social. Isto foi bom porque a sociedade vislumbrou o prazer do ato sem um vínculo de amor construído, e conseguiu simplesmente viver esse prazer. Por outro lado, foi-se espalhando a noção equivocada de que esse sexo era desprovido de emoções outras.

O sexo, por si, já desperta uma emoção. Fingimos não sentir e tentamos não falar sobre essas emoções porque se tornaram fora de moda, importando somente o agora; nos desumanizamos, tentando virar só instinto, corpos e ideais de beleza. Aprendemos a fazer mais sexo, mas não aprendemos a lidar com as emoções que o compõem. Ficamos irresponsáveis, pois a resposta dos nossos atos tornou-se puramente mecânica. Mas é das emoções que precisamos falar para que a nossa sexualidade fique segura para nós mesmos, não nos fazendo correr riscos desnecessários, como a aids e outras tantas doenças sexualmente transmissíveis, sem falar na gravidez indesejada.

Separamos sexo de afeto, razão de emoção, responsabilidade de prazer, amor de realidade. Didaticamente, isso é possível, mas não somos exatamente assim. Todos esses fatores e muitos outros que separamos funcionam ao mesmo tempo, interligados e concomitantes dentro de nós. Não somos fragmentos ou várias gavetas separadas, somos um todo que se organiza conforme vamos aprendendo e adquirindo valores, ao passo que abrimos mão de outros. Estamos sempre em constante crescimento interno, por isso o sentimento de estarmos vivos. Temos que continuar aprendendo a nos ver e nos sentir inteiros, associando o que foi dissociado. Vamos a esta interação!

Cada um tem a sua forma de perceber o mundo e particularizar essa realidade dentro de si. Por isso, somos diferentes e potencialmente criativos. O que une os fatos de nossas vidas e dá forma à nossa personalidade são as emoções que sentimos pelas coisas, pessoas, situações, etc. Muitas vezes, procuramos nos alimentar de emoções que, num primeiro instante, nos satisfazem. A emoção do sexo é a mais utilizada para tentar compensar uma série de insatisfações. Muitas vezes estamos com fome de carinho e de amor, mas fazemos sexo. Na verdade, o sexo só mata a fome de sexo, e a fome de carinho só pode ser satisfeita com carinho.

O sexo também é muito utilizado como prova de sentimentos, de confiança, de amor, de masculinidade ou feminilidade. Quanto peso colocamos no sexo! O sexo não tem de ser utilizado como prova, nem como substituição de nada. O sexo deve ser vivido quando ele for a razão do que estivermos fazendo. Esse é um bom caminho para deixarmos de ver o sexo como se fosse a satisfação única e máxima de nossas vidas.

Começar a integrar o ato sexual com a afetividade é entender o que fazemos com o sexo em nossas vidas, colocando sentimentos adequados nas situações em que eles podem ser vividos. Com isso, estaremos nos enriquecendo, pois perceberemos que sexo não é tudo, mas parte do prazer que podemos sentir em nossas vidas. Estaremos mais aptos a viver as emoções em seu esplendor e manter relacionamentos sem que o fim seja o sexo, mas uma das possibilidades. Estaremos mais integrados e menos limitados em recursos para sermos felizes.

Mas o que isso tem a ver com sexo seguro? Muito. A grande maioria de pessoas que se contaminam com o hiv por via sexual, tanto homo quanto bi e heterossexuais, em algum lugar de sua mente foi buscar no sexo o que não era próprio do sexo, tentando provar através dele coisas que não podem ser provadas. Muitas dessas pessoas quiseram fazer sexo seguro mas, para dar prova de amor e confiança, se arriscaram e se contaminaram. Outras tantas não quiseram perder a oportunidade do prazer imediato e também se contaminaram. Essas pessoas têm em comum a dificuldade de lidar com as suas emoções, principalmente aquelas mais vinculadas com as do sexo. Há urgência de discutirem mais sobre sexo e afetos (sexualidade), porque nesse diálogo vão poder ver melhor as suas dificuldades e se fortalecer para agir com mais segurança e responsabilidade nas suas relações afetivas sexuais.

Como diz João Silvério Trevisan, romancista, "viver é inseguro", mas para podermos ter um pouco mais de segurança é necessário que falemos sobre a vida, sobre as nossas buscas e as formas mais "seguras" de irmos atrás de nossas realizações. Seguro é saber que a insegurança existe, respeitá-la e jamais abstraí-la. Só conseguiremos fazer sexo mais seguro quando percebermos que existe sempre a insegurança. Desta forma, conseguiremos garantir nossa segurança sexual.

Atividades sexuais e grau de riscos de contaminação por dst-aids

Atividades sem risco

A maioria destas atividades envolve apenas o contato de pele com pele, evitando assim possíveis contaminações por meio de sangue, sêmen e secreções vaginais. Presume-se que não haja cortes na pele.

1. Beijos sociais (secos).
2. Massagens, abraços.
3. Esfregação.
4. Uso de seus próprios brinquedos sexuais (vibradores, consolos, etc.)
5. Masturbação mútua (feminina e masculina, sem penetração). Deve-se tomar cuidado para não deixar o(a) parceiro(a) entrar em contato com ejaculação ou secreções vaginais. Secreções vaginais e seminais, assim como a saliva, não devem ser usadas como lubrificantes.

Atividades de baixo risco

Nessas atividades é possível a troca de uma pequena quantidade de fluidos corporais; ou há risco de a barreira romper-se.

1. Relação vaginal ou anal com camisinha. Estudos demonstram que o hiv não atravessa a camisinha. Existe, porém, o risco de a camisinha romper-se ou de haver transbordamento de sêmen para o ânus ou para a vagina. O risco é diminuído se o pênis é retirado antes do orgasmo.
2. Relação oral até antes do orgasmo. O fluido pré-ejaculatório pode conter hiv, apesar de ser possível que a saliva desative o

vírus. A saliva também pode conter hiv em baixa quantidade. Aquele que insere o pênis deve avisar o(a) parceiro(a) quando estiver prestes a atingir o orgasmo, de modo a evitar que a outra pessoa tenha contato com uma grande quantidade de sêmen. Do mesmo modo, qualquer atividade que cause abrasão, ou possíveis feridas, no pênis ou na boca aumenta o risco.

3. Sexo oral com camisinha. Uma vez que o hiv não atravessa a camisinha, o risco desta prática é pequeno, a menos que a camisinha se rompa.

4. Beijo na boca. Estudos apontam ser tão baixa a concentração de hiv na saliva que o contato entre salivas apresenta pouco risco de contaminação. O risco aumenta se há feridas na boca ou gengivas que sangrem.

5. Contato entre boca e vagina ou boca e ânus com barreira de proteção (látex como o usado pelos dentistas, plástico de embrulho ou camisinha cortada e aberta na forma de um quadrado). Baixo risco quando o látex não é reutilizado. Quando é usado de novo, há risco porque pode-se virá-lo sem querer.

6. Penetração do ânus ou da vagina com a mão, com luva (*fisting*). Se a luva não rasga, não há perigo de transmissão do vírus. Há no entanto risco de ferir o reto, causando problemas como hemorragia ou perfuração dos intestinos.

Atividades de risco moderado

Estas práticas envolvem a possibilidade de machucados ou troca de fluidos que contenham hiv ou outras doenças sexualmente transmissíveis.

1. Contato entre boca e pênis até o orgasmo. O sêmen pode conter altas concentrações de hiv que, se absorvido através de feridas na boca ou no estômago, acarreta risco de transmissão.

2. Contato entre boca e ânus. É possível que as fezes ou o reto contenham sangue contaminado com hiv. A prática apresenta também alto risco de contração de parasitas e infecções gastrointestinais.

3. Contato entre boca e vagina. Secreções vaginais e sangue menstrual são fluidos que podem apresentar alta concentração de hiv, expondo o(a) parceiro(a) oral a contaminar-se através de lesões na boca ou no estômago.

4. Penetração do ânus com a mão (*fisting*). Estudos demonstram uma relação direta entre esta prática e a infecção por hiv pelos dois parceiros. Esta associação pode dever-se a sangramentos, exposição a sêmen antes do *fisting* ou relação anal com ejaculação.
5. Uso de brinquedos sexuais em comum. O risco desaparece se forem usadas camisinhas nos vibradores e consolos, retiradas e substituídas quando o brinquedo for usado por outro(a) parceiro(a).
6. Ingestão de urina. O hiv não é transmitido através da urina, mas outros agentes imunodepressores e infecções podem ser passados desta maneira.

Atividades de alto risco

Foi demonstrado que as seguintes práticas transmitem o hiv:

1. Relação anal passiva sem camisinha. Todos os estudos indicam ser esta a atividade com maior risco de transmissão de hiv. O tecido que recobre o reto é mais fino que o da vagina ou da boca, permitindo uma absorção mais fácil do vírus contido no sêmen ou líquido pré-ejaculatório. Um estudo aponta para a possibilidade de entrada do vírus diretamente nas células do tecido retal, sem necessidade de sangramento.
2. Relação anal ativa sem camisinha. O risco para o parceiro que insere o pênis é menor do que para aquele no qual o pênis é inserido. Ainda assim, há perigo significativo de transmissão, além do risco de infecção por outras doenças sexualmente transmissíveis.
3. Relação vaginal sem camisinha. Risco alto para ambos. Estudos indicam o surgimento de hiv mutantes mais adaptados à mucosa vaginal, capazes de penetrar na circulação mesmo sem a existência de cortes ou sangramentos.

> *Idéias importantes sobre aids*
> Na maioria das vezes, as campanhas preventivas falam de sexo como um ato mecânico, desprovido de afeto.
> A contaminação pelo vírus hiv através da relação sexual não é 100% evitável, não existe sexo 100% seguro.
> Sexo não é prova de sentimentos, confiança, amor, masculinidade ou feminilidade. Ele está relacionado com outros sentimentos, mas o único sentimento que o sexo tem o poder de provar é o de desejo sexual (tesão).
> Assimilar os métodos e práticas de sexo mais seguro, respeitando a nossa forma de sentir e expressar a sexualidade, é o meio mais eficaz de prevenção da contaminação pelo vírus hiv.

Primeira sugestão de aula

Dividir a classe em quatro grupos e pedir aos alunos que desenvolvam uma campanha de prevenção à contaminação pelo vírus hiv-aids para ser distribuída na escola, levando em conta as dificuldades levantadas pelo texto e as sugestões para uma campanha mais eficiente.

Caso necessário, dar sugestões sobre os locais na escola onde poderiam ser afixados cartazes e folhetos. Se não for possível produzir algum material, propor que os alunos façam uma campanha de prevenção corpo a corpo, ou seja, que, em um dia a ser estipulado, todos conversem com colegas de outras classes sobre prevenção baseados nos novos conceitos apresentados no texto.

Segunda sugestão de aula

Após a aula expositiva, dividir a classe em dois grandes grupos e dar a cada um deles uma das listas a seguir. Propor que discutam as afirmações e escrevam as idéias obtidas.

Lista de afirmações para o grupo A

1. A dificuldade de se falar de sexualidade está levando cada vez mais pessoas a se contaminarem.

2. Se eu mantiver relações sexuais com uma mulher durante a sua menstruação, não estarei correndo risco de me contaminar com o hiv (vírus transmissor da aids).

3. Eu não pertenço a nenhum dos chamados "grupos de risco", portanto não corro o risco de me contaminar com o hiv.

4. Se eu fizer sexo oral com o meu(minha) parceiro(a) sem camisinha, estarei praticando uma atividade sexual com um baixo risco de contaminação pelo hiv.

5. Quando se usa a camisinha desde o início do ato sexual, não se corre nenhum risco de contaminação pelo hiv.

Lista de afirmações para o grupo B

6. Começar a integrar o sexo com a afetividade é entender o que fazemos com o sexo em nossas vidas.

7. Se eu abraçar uma pessoa que seja portadora do hiv, estarei correndo o risco de me contaminar com o vírus.

8. O sexo é a melhor prova que uma pessoa pode dar de seus sentimentos, da sua confiança e do seu amor para com o(a) parceiro(a).

9. Os portadores de hiv são muitas vezes discriminados e tidos como incapazes de trabalhar.

10. As atividades sexuais que apresentam o maior risco de contaminação pelo hiv são as relações anais sem camisinha (ativa e passiva) e a relação vaginal sem o uso da camisinha.

Análise das afirmações do grupo A

1. Quanto menos comunicação existir entre os parceiros, mais dificuldades podem acontecer na hora da prevenção, aumentando fortemente o risco de contaminação por dsts e aids, bem como a chance de uma gravidez não programada.

2. Pelo contrário! As chances de contaminação pelo vírus do hiv ou de alguma doença venérea aumentam muito quando o pênis ou a boca entram em contato com o sangue da menstruação.

3. Não existem grupos de risco quando se fala em aids! Todos nós corremos risco de contaminação e o método mais eficaz de nos pre-

venirmos é a camisinha (masculina ou feminina), usada corretamente.

4. O sexo oral sem camisinha é uma atividade sexual com algum risco de contaminação, uma vez que, embora a saliva não contenha concentrações muito elevadas de vírus hiv, feridas e machucados podem possibilitar o contato entre secreção sexual e sangue ou entre sangue e sangue, aumentando assim os riscos de contaminação.

5. Quando a camisinha é colocada e depois retirada corretamente, e se ela não rompe, os riscos diminuem para cerca de 1%, ou seja, você tem 99% de chance de estar prevenido. É sempre importante lembrar que a camisinha deve ser colocada antes de qualquer contato genital, oral ou anal.

Análise das afirmações do grupo B

6. É das emoções que precisamos falar para que a nossa sexualidade fique segura para nós mesmos, não nos fazendo correr riscos desnecessários, como a contaminação pela aids e as dsts, sem falar na gravidez não planejada.

7. Não há problema algum em abraçarmos pessoas portadoras do hiv, assim como não há riscos em beijar socialmente esta pessoa (beijo seco), fazer massagens ou esfregar-se nela; enfim, qualquer atividade que envolva apenas o contato da pele com a pele, presumindo-se que não haja cortes.

8. O sexo não deve ser utilizado como prova de sentimentos, amor ou confiança. O sexo deve ser vivido quando ele for a razão da atividade. Esse é um bom caminho para começarmos a tirar do sexo o peso que a cultura atribuiu a ele, como se fosse a satisfação única e máxima de nossas vidas.

9. Isso não é verdade, mas simples preconceito e discriminação. Os portadores de hiv podem trabalhar normalmente, como qualquer outra pessoa.

10. É verdade, são estas as atividades de maior risco, daí a necessidade de nos prevenirmos sempre.

10
Disfunções sexuais

> *Importância do tema*
> Muitos adolescentes, devido a desinformação e inexperiência, tornam-se agressivos ou inibidos quando percebem que suas práticas sexuais não correspondem ao esperado.
> Grande parte dos problemas sexuais tem origem na adolescência, com as primeiras experiências sexuais da pessoa.

A disfunção sexual se caracteriza como prazer ou satisfação sexual inadequada, podendo ocorrer tanto por causas físicas quanto psíquicas.

No início da vida sexual, é muito raro termos uma resposta sexual adequada, ou seja, é comum acontecerem com os rapazes, por exemplo, situações de perda de ereção ou de ejaculação precoce. Com as meninas, é freqüente a anorgasmia ou frigidez.

O início da vida sexual é uma época em que homens e mulheres (homo, bi e heterossexuais) estão começando a ter um contato maior com o seu corpo e o corpo de outras pessoas. Perceber a capacidade de prazer que o corpo pode proporcionar a si e a outra pessoa é algo que aprendemos. E a cada relacionamento vamos aprendendo mais, pois cada um pode sentir e ter prazer em lugares e de formas diferentes.

Nem sempre as relações sexuais ocorrem da forma esperada. Muitos jovens, por não conseguirem uma resposta adequada, ficam inibidos em ter outras experiências ou tornam-se agressivos não só com o(a) parceiro(a), mas nas relações em geral, devido ao fracasso ou à frustração. A grande maioria dos adolescentes acredita que nasce sabendo tudo sobre as relações sexuais, mas não imagina que fatores externos e internos possam inibir o ato sexual. Lugares inadequados, medo de interrupções por pessoas alheias à relação, culpa por estar fazendo algo errado, temor de engravidar ou contrair doenças são alguns fatores que interferem negativamente na performance. Por isso, é importante não ficar se martirizando com uma possível "falha". Ser potente sexualmente significa admitir que às vezes podemos falhar.

É importante buscar ajuda caso a resposta sexual mantenha-se insatisfatória. Muitos adultos com dificuldades de resposta sexual já demonstravam, na juventude, os mesmos problemas, mas por inibição ou vergonha não procuraram ajuda e acabaram tendo uma vida com menos qualidade do que poderiam ter tido.

As possíveis disfunções masculinas mais comuns no início da vida sexual são relatadas a seguir.

Disfunção erétil

A disfunção erétil caracteriza-se por uma perda de ereção do pênis. Ela pode estar associada a uma perda do desejo ou a uma dificuldade de ejacular. O mais comum é que se deva a uma falha de reflexo erétil, ou seja, que haja uma dificuldade psíquica em relacionar o desejo que se sente e a reação física.

As causas psíquicas mais comuns na adolescência são:

1. Ansiedade, principalmente o temor de um mau desempenho sexual e preocupação a respeito do tamanho do pênis.
2. Culpa por estar fazendo algo que não devia.
3. Depressão.
4. Auto-estima rebaixada (ter a sensação de que não é merecedor, digno).
5. Medo de engravidar ou contrair doenças sexualmente transmissíveis.

As causas orgânicas mais freqüentes na adolescência são:

1. Fimose ou freio do pênis curto, que podem causar dor durante a penetração ou a masturbação e com isso tirar o prazer na ereção.
2. Diabetes, que pode causar impotência quando não controlada.
3. Ingestão de drogas (antidepressivos, bebidas alcoólicas, anfetaminas e drogas ilegais em geral).

Ejaculação precoce

Ejaculação precoce é a falta de controle voluntário adequado sobre o reflexo ejaculatório. Ela acontece um pouco antes ou no momento da penetração.

As causas psíquicas mais comuns na adolescência são:

1. Ansiedade em relação ao desempenho sexual.
2. Ansiedade em relação ao prazer.
3. Ressentimento ou hostilidade em relação à/ao parceira(o).
4. Frustração sexual.
5. Problemas de relacionamento ou outros problemas não solucionados que causem muita tensão.
6. Culpa e insegurança.
7. Receio de estar causando dor no(a) parceiro(a) no ato da penetração.

As causas orgânicas são muito raras tanto no adolescente como no adulto. Quando estas se manifestam, geralmente estão associadas a problemas na próstata.

Ejaculação retardada

Ejaculação retardada é a inibição involuntária da ejaculação. O homem pode ter excelente ereção, uma boa estimulação, mas apresentar dificuldade em liberar o reflexo ejaculatório. Geralmente, ele só consegue ejacular quando está se masturbando solitariamente.

Causas psíquicas mais comuns na adolescência:

1. Dificuldade de criar um vínculo emocional com quem se deseja sexualmente.

2. Controle excessivo.
3. Medo do prazer.
4. Temor do coito com ejaculação, geralmente vinculado ao medo de engravidar a parceira ou de contrair doenças sexualmente transmissíveis.

Causas orgânicas mais comuns na adolescência:

1. Uso de certas drogas e medicamentos.
2. Diabetes não tratada.

Nos casais heterossexuais, é preciso verificar se o problema não está na parceira. Uma mulher anorgásmica pode retardar o orgasmo do parceiro.

As possíveis disfunções femininas mais freqüentes no início da vida sexual são relatadas a seguir.

Vaginismo

O vaginismo é um espasmo involuntário dos músculos que circundam a entrada da vagina. Geralmente, é uma resposta condicionada pela associação de dor às tentativas de penetração, ou ao medo de ser penetrada.

Possíveis causas psicológicas na adolescência:

1. Pensamento rígido, muitas vezes punitivo, acerca do sexo, que é encarado como algo sujo, pecaminoso ou vergonhoso.
2. Sentimentos de medo, culpa e insegurança a respeito do ato sexual.
3. Haver experimentado relação traumática ou ter sofrido abuso sexual na infância.
4. Medo de gravidez ou de contrair uma doença sexualmente transmissível.

Possíveis causas físicas na adolescência:

1. Hímen rígido.
2. Alguma doença inflamatória pélvica.

Anorgasmia

Anorgasmia é quando a mulher não consegue atingir o orgasmo de nenhuma forma, seja pela penetração, seja pela estimulação do clitóris.

Causas psicológicas mais prováveis, na adolescência:

1. Problemas de relacionamento afetivo com o/a parceiro/a.
2. Medo de ser abandonada.
3. Culpa em relação à sexualidade (por exemplo, ter a sensação de que, se gozar, vai ser vista como prostituta).
4. Medo de perder o controle de si.

Esta dificuldade pode resultar de algumas doenças. É importante que, se a disfunção não for situacional, a pessoa procure um médico para exames mais detalhados.

Nos casais heterossexuais, é preciso verificar ainda se o problema não está no parceiro. Um homem que tenha ejaculação precoce dificilmente possibilitará, com a penetração do pênis, orgasmos à mulher.

Frigidez

Frigidez é quando a mulher sente pequeno ou nenhum prazer erótico com a estimulação sexual. Geralmente, as mulheres que sofrem de frigidez são anorgásmicas.

Causas psíquicas possíveis na adolescência:

1. Conflitos inconscientes em relação a sentir prazer com um homem ou uma mulher (educação muito rígida ou uma crença religiosa muito punitiva em relação ao prazer).
2. Medo da rejeição.
3. Ansiedade em relação ao desempenho.
4. Dificuldade e inexperiência em reconhecer no próprio corpo as regiões que proporcionam prazer.

As causas físicas podem ser as mesmas da anorgasmia.

Inibição do desejo

A inibição do desejo é uma disfunção que pode ocorrer tanto nos homens quanto nas mulheres. Caracteriza-se por um desinteresse e ausência de vontade de relacionar-se sexualmente. Pessoas que recalcam o desejo sexual têm pavor de que tal desejo signifique coisas desagradáveis, sejam elas reais ou imaginárias. O desejo sexual torna-se perigoso ou censurável.

Causas psicológicas mais comuns na adolescência:

1. Medo do sucesso, do prazer ou do amor.
2. Medo do desempenho.
3. Temor da rejeição.
4. Desconfiança ou inveja do/a parceiro/a.
5. Temor da intimidade.
6. Depressão.
7. Medo de sentir atração homossexual.

A ingestão de medicamentos, drogas e álcool são causas orgânicas possíveis para esta inibição.

Essas são as disfunções mais comuns no início da vida sexual, podendo se manifestar em algumas situações ou de maneira constante na vida sexual. É importante ter claro que existem tratamentos eficazes, tanto psicoterápicos quanto médicos, conforme a necessidade da pessoa.

Idéias importantes sobre disfunções sexuais

Caracterizam-se por uma resposta sexual inadequada de prazer e satisfação sexual, tanto por causas físicas quanto psíquicas.

Na adolescência é comum aparecerem disfunções sexuais devido à "novidade" que é vivenciar a sexualidade adulta.

As causas psíquicas mais comuns das disfunções são medo, culpa, ansiedade e hostilidade em relação à/ao parceira/o.

As disfunções sexuais podem ocorrer igualmente com homo, bi e heterossexuais.

As disfunções sexuais são tratáveis tanto pela medicina quanto pela psicologia, conforme o caso.

Sugestão de aula

Aplicar a técnica abaixo antes de passar o conteúdo teórico.

Material: Quatro cartolinas e canetas hidrográficas.

Procedimento: Dividir a classe em quatro grupos. Dar a cada grupo uma cartolina com o nome e a definição de uma disfunção sexual, deixando espaço para que os alunos imaginem e descrevam suas possíveis causas psicológicas e orgânicas. Sugerimos selecionar disfunção erétil (impotência), ejaculação precoce, anorgasmia e inibição de desejo. Pedir aos alunos que descrevam as causas possíveis em adolescentes. O tempo sugerido para esta atividade é de trinta minutos.

Após o término da atividade, fixar os cartazes no quadro-negro e ir acrescentando o que falta, com a ajuda do resto da classe, bem como eliminando o que estiver incorreto.

11
Mitos, tabus e preconceitos

Importância do tema
A adolescência é uma época em que os jovens criam e reformulam conceitos, principalmente os relacionados à sexualidade. Se não souberem distinguir mitos, tabus e preconceitos, podem incorrer no erro de adquiri-los como normas de vida, impossibilitando as alternativas mais saudáveis para a sua vida afetiva sexual.

Todos nós, em algum momento, já falamos sobre mitos e tabus, mas muitas vezes sem saber o seu significado. Para podermos nos questionar e reavaliar nossas posições, é necessário que entendamos a origem de nossas crenças. Como conseqüência, criaremos pensamentos próprios e seremos mais autônomos em nossas idéias e atitudes.

Mito

Tradicionalmente, mito é uma história sagrada que narra um acontecimento no início dos tempos. O conjunto de mitos de uma sociedade constitui sua mitologia. Os mitos contam a origem do mundo, o nascimento dos deuses e heróis, o estabelecimento de um costume ou uma instituição. O mito não está comprometido com a lógica racional, nem com a comprovação científica. Ele é inatingível, intocável, por isso não aceita transformações. A verdade do mito existe para quem nele crê.

Os mitos são basicamente criados e recriados para dar referência à vida das pessoas e fornecer modelos a serem seguidos ou não.

Outro motivo fundamental do mito é explicar o inexplicável. O índio que vê a chuva, não sabendo explicar o fenômeno, talvez o atribua a um "deus-chuva", que por sua vez não pode ser comprovado. "Deus-chuva" é um mito. Ele se torna uma verdade porque explica o fenômeno da chuva para o índio.

Podemos transformar uma pessoa em mito. Pelé é considerado um mito vivo do futebol e tem o título de atleta do século. Escutamos frases como "jamais vai existir alguém como ele". Foi feita uma pesquisa mundial e Pelé é mais conhecido do que o Cristo da igreja católica. Os atos esportivos de Pelé foram reconhecidos como além da possibilidade humana, o máximo dentro do esporte. Seus atos, até o momento de sua glória máxima, atingiram picos que ultrapassaram quaisquer possibilidades do humano. Acreditar que essa possibilidade excede o humano torna-a sobrenatural, e faz de Pelé um mito. Talvez outro atleta supere suas marcas, mas ele jamais deixará de ser um mito, posto que é inatingível e incontestável dentro daquilo que plantou, colheu e originou.

Tabu

O tabu é um termo utilizado pela psicologia, sociologia e psiquiatria para designar um objeto ou ato rigorosamente proibido. Esse proibido não é de ordem racional ou prática, mas possui um valor absoluto para a cultura da época que o vive.

Os tabus servem, direta ou indiretamente, para manter a forma de pensar e agir da sociedade. Por exemplo, a virgindade ainda é um tabu em nossa cultura, vivido em alguns lugares de forma absoluta, apesar de estar perdendo o seu status. Ele servia para tornar a mulher uma propriedade do homem, assim como sua casa, suas terras e seus filhos. Hoje, e a cada dia mais, a mulher cria um espaço próprio na sociedade e passa a ser considerada um indivíduo de igual valor. Com isso, o tabu da virgindade vai perdendo sua força original. A mulher que fica com vários homens, entretanto, ainda é popularmente chamada de "galinha", ao passo que o homem que fica com várias mulheres é considerado muito macho.

Preconceito

O preconceito é um pré-julgamento, um sentimento ou resposta antecipado a coisas ou pessoas, portanto não se baseia em experiências reais. Os preconceitos podem ter um valor positivo ou negativo. Positivo quando, sem o conhecimento real, já há uma valorização de alguma coisa, como achar que viver em Nova York é melhor do que morar em qualquer outro lugar, mesmo sem haver estado lá. É negativo quando dizemos, por exemplo, que todas as mulheres loiras são burras. Os dois implicam um julgamento generalizado e sem fundamento, pois somente quem tivesse vivido em Nova York e em todas as cidades do mundo poderia dizer que lá é melhor, e só quem conhecesse pessoalmente todas as loiras da Terra e realmente as achasse burras poderia fazer a segunda afirmação.

Para entendermos melhor o preconceito, podemos falar de duas linhas de pensamento. Uma acredita num preconceito "natural", que aconteceria quando dois ou mais grupos distintos entrassem em contato e os códigos morais e éticos dos grupos se chocassem. Cada grupo tentaria, através de atritos ou competições, provar que seus valores seriam certos e verdadeiros.

Acreditar que o preconceito é natural significa afirmar que ele existe devido às diferenças, ou seja, num mundo heterogêneo ele estaria sempre presente e as guerras seriam inevitáveis. Mas não será possível que a sociedade conviva em harmonia com cada uma de suas diferentes partes? Será que não podemos viver de acordo com o que acreditamos, respeitando as diferenças sem competirmos uns com os outros, mas voltados todos para um bem-estar coletivo?

A outra linha de pensamento pressupõe que o preconceito seja "adquirido". O preconceito existiria em função de um processo de aprendizado justificado por um sistema de valores pessoais ou coletivos, baseado em ideologias, opiniões e "achismos" tomados como verdades. O negro, por exemplo, foi por muito tempo tratado como um ser inferior e essa informação foi passada, direta e indiretamente, para toda a nossa cultura. Com isso, muitos ainda crêem nesse julgamento errôneo.

Esta segunda linha tem mais adeptos porque muitas pessoas conseguem eliminar os preconceitos de seu comportamento e, além disso, nem tudo que é diferente torna-se alvo de preconceito.

Mitos, tabus e preconceitos sexuais

A sexualidade é um campo fértil para a proliferação de mitos, tabus e preconceitos. Em função de os estudos nesse campo serem recentes, nossa cultura se organizou e explica os comportamentos sexuais baseando-se em suposições convenientes para determinados grupos. Em geral, a criação de tabus, mitos e preconceitos decorre da necessidade de manutenção do poder de alguém.

Muitas das opiniões que escutamos nada mais são do que a perpetuação de certezas equivocadas. Por exemplo: "O homem é mais competente do que mulher", "O branco é melhor do que o negro", "Homens de pênis grande são mais homens", "Homossexuais são menos homens que os heterossexuais", etc. Podemos perceber que todas essas afirmações têm em comum a competição, a proliferação da idéia do melhor e daquele que tem mais poder. Mantemos assim o mito do "maior pênis", o preconceito em relação à mulher, aos negros e aos homossexuais.

A ciência está evoluindo e já contraria muitas dessas premissas. Eliminar preconceitos e formar conceitos baseados em fatos vividos, somados aos científicos, significa evoluir. Saber que algumas certezas não passam de mitos e tabus pode nos dar a possibilidade de escolher se queremos ou não adotá-las para nossas vidas. Cabe a todos, principalmente aos educadores, pais e profissionais da mídia, exercitar o pensamento crítico e colaborar para que preconceitos, tabus e mitos não se tornem impedimento para a expressão da felicidade.

Uma boa forma de começarmos este percurso é eliminando uma dúvida que costuma surgir na adolescência, e que muitos homens continuam a ter na vida adulta: o tamanho do pênis. O tamanho do órgão sexual masculino varia muito, assim como são variadas as outras características físicas que herdamos de nossos pais. O tamanho do pênis ereto considerado normal varia entre 9 e 22 centímetros. Um pênis que tenha entre 9 e 12 centímetros quando ereto é normal, porém tido como pequeno; de 13 a 16 centímetros quando ereto, é normal de tamanho médio; e de 17 a 22 centímetros, ereto, é tido como grande e também normal. O tamanho do pênis flácido não tem correspondência com seu tamanho ereto. Um homem que tenha um pênis flácido de 4 centímetros pode apresentar o mesmo tamanho quando ereto de outro homem que, também flácido, tenha 9 centímetros.

É bom lembrar que crescemos até os 21 anos e o pênis, fazendo parte do corpo, também cresce. O tamanho do pênis não tem correspondência com a quantidade de prazer que o homem possa sentir ou com seu potencial ejaculatório.

O prazer sexual também ainda é um tabu na nossa sociedade. Mulheres, em algumas regiões do nosso país, são desestimuladas de tê-lo e encorajadas apenas a dá-lo ao homem. A muitos homens cabe sentir somente o prazer genital e não o erotismo do corpo inteiro. Tais tabus diminuem a possibilidade de experimentar o prazer e de trocar carícias, dificultando a intimidade com o outro e conosco mesmos.

Um preconceito muito forte presente em nossa cultura é o que discrimina os homens que são afetivos com outros homens, interpretando isto como um sinal de homossexualidade. O afeto entre pessoas não indica nada sobre a sua orientação sexual. As mulheres, em sua maioria, são afetivas umas com as outras e nem por isso são todas homossexuais.

Podemos perceber que o preconceito se forma a partir de um conglomerado de idéias distorcidas. Por exemplo, tanto homens quanto mulheres dizem ter menos prazer quando fazem sexo com camisinha. É verdade que a sensibilidade pode diminuir um pouco, mas muito menos do que quando o casal se encontra namorando, cheio de tesão, e existem roupas impedindo o contato da pele com a pele. Dizemos também que a camisinha corta o clima. Ora, se ela corta o clima é porque o casal não está no clima, pois se estivesse saberia como introduzi-la de forma erótica e sensual para poder desfrutar de seu prazer e aumentar a sua intimidade.

Cabe a todos nós questionar as idéias estabelecidas, separando quais são preconceitos, mitos e tabus. Respeitar as opiniões e diferenças alheias é o caminho para exigir que os outros respeitem as nossas.

> *Idéias importantes sobre mitos, tabus e preconceitos*
> Mitos são criados e recriados para dar referência à vida das pessoas.
> As idéias contidas nos mitos não têm fundamentação científica.
> Tabus são perpetuadores de normas e valores sociais.
> Preconceitos adquiridos são fruto de um processo de aprendizado de normas e valores pessoais ou coletivos.
> Uma sociedade mais justa é aquela que aceita a existência de várias verdades.

Primeira sugestão de aula

Após a aula expositiva, pedir que os alunos, individualmente, comentem as frases abaixo, apontando os preconceitos, tabus ou mitos que possam conter.

1. O homem efeminado é homossexual.
2. A mulher que não gosta de "ficar" é lésbica.
3. Quanto maior o pênis, mais macho é o homem.
4. O bissexual, por desejar pessoas dos dois sexos, tem chance de ser 100% feliz.
5. Todos os travestis se prostituem.
6. Uma mulher vira lésbica porque foi mal cantada.
7. Ter um amigo homossexual é sinal de que você também é.
8. Casamento é garantia de relacionamento feliz.
9. Mulher que gosta de homem mais novo é sem-vergonha.
10. Homem que gosta de mulher mais nova é esperto.

Discutir as respostas com a classe toda, acrescentando, se necessário, os conceitos sugeridos a seguir.

Referências para a discussão das respostas

1. Ter trejeitos efeminados não significa homossexualidade. Para ser homossexual, a pessoa tem que desejar afetiva e sexualmente alguém do mesmo sexo que o seu. A maioria dos homens homossexuais não tem trejeitos femininos. Os trejeitos são adquiridos em função do meio em que se vive. Muitos de nós incorporamos em nossa forma de ser atitudes parecidas com as de um amigo, um ator, um ídolo etc. e nem percebemos isso.

2. Para ser lésbica é necessário que a mulher sinta atração afetiva sexual por outra mulher, independentemente de qualquer comportamento que tenha com homens. Uma mulher tem todo o direito de não querer ficar com um homem, já que pode preferir outra forma de encontro amoroso.

3. O tamanho do pênis não tem correspondência com a capacidade do homem de sentir prazer, tampouco em proporcionar prazer a outra pessoa. O importante é a forma com que a relação sexual se desenvolve. Ser macho, masculino, está nas atitudes positivas frente à vida que o homem pode ter e não no tamanho de seu órgão sexual.

4. Todas as pessoas têm a mesma chance de ser felizes na sua vida afetiva sexual. Um homem ou uma mulher bissexual tem uma chance igual à de heteros ou homossexuais, porque quando estão se relacionando com alguém os bissexuais satisfazem-se com essa pessoa. Bem sabemos que não é a quantidade de pessoas à nossa volta que nos faz ter mais chances de ser felizes. A chance existe se tivermos sabedoria para eleger e sermos eleitos por uma dessas pessoas para compartilhar nosso afeto.

5. Não, alguns se prostituem por uma questão de sobrevivência. A rejeição da sociedade em relação à aparência física do homem travesti causa-lhe dificuldade de arrumar trabalho. Não raro, a família os abandona e, para sobreviver, acabam se prostituindo. É importante não esquecer que ninguém escolhe ser travesti. Essas pessoas sentem a necessidade de adaptar o seu corpo em função da identidade sexual masculina e feminina que possuem ao mesmo tempo.

6. Em primeiro lugar, ninguém vira nada. O que pode ocorrer é uma pessoa descobrir o seu desejo afetivo sexual. Homossexualidade não é influenciável, assim como a heterossexualidade também não é. Uma mulher que tenha desejos por outra não é frustrada por não ter um homem, ela simplesmente não o deseja.

7. Não, muito pelo contrário! Se você é heterossexual e está tranqüilo com isso, não há motivos para ter receio de conviver com um homossexual. Pessoas que têm muito preconceito demonstram não estar tranqüilas com a sua heterossexualidade. A homossexualidade não influencia ninguém. Ser amigo de um/a homossexual só demonstra que você tem a capacidade de conviver com diferenças.

8. Casamento não é garantia. Usar o casamento para garantir a felicidade pode ser o primeiro passo para que uma relação não dê certo. Muitas pessoas, depois que casam, se esquecem de namorar, conversar sobre a vida de cada um, trocar experiências e expectativas. O casamento deve ser considerado o prolongamento de um namoro, em que um nunca vai possuir o outro mas, a cada dia, manter uma conquista mútua. Para termos um relacionamento feliz é necessário principalmente amor, diálogo e consideração.

9. A mulher que se relaciona com um homem mais jovem é discriminada pela sociedade porque se imagina que o principal motivo da relação seja o sexo. Existem vários motivos positivos que fazem uma mulher se unir a um homem mais jovem que não necessariamente uma atração sexual. Mesmo que assim fosse, ela tem o direito, assim como o homem, de viver sua sexualidade da forma que melhor a satisfaça.

10. Homem esperto é aquele que encontra uma pessoa que o satisfaça, não se preocupando com o que a sociedade diga sobre sua escolha. Mas muitos homens, em função de um preconceito – como uma mulher considerada feia ou fora de forma física –, abrem mão de viver uma relação afetiva sexual que poderia ser muito satisfatória. Uma mulher mais jovem provavelmente terá uma aparência física atraente, o que talvez o agrade sexualmente. Em compensação, poderá não ter vivências e experiências que satisfaçam emocionalmente um homem mais velho.

Segunda sugestão de aula

Material: Papel, canetas e fichas preparadas anteriormente numa folha de cartolina.

Procedimento: Dividir a sala em três grupos, A, B e C.

Entregar uma ficha a cada grupo e pedir que crie uma história com os personagens cujos dados foram fornecidos. A história deve ser escrita da forma mais detalhada possível, desde o histórico de cada um passando pelo encontro sexual e o que vivem até chegarem aos quarenta anos.

Ficha 1

Os dois personagens principais não se conhecem.

Roberto: 17 anos, estudante universitário, negro, tem o sexo masculino, a identidade sexual masculina, comportamentos masculinos e orientação do desejo heterossexual.

Clarisse: 19 anos, loira, trabalha com seu pai numa doceria da família, tem o sexo feminino, a identidade sexual feminina, comportamentos femininos e a orientação do desejo heterossexual.

Ficha 2

Os dois personagens moram juntos há dois anos.

João: 20 anos, filho de rico empresário, tem o sexo masculino, a identidade sexual masculina, comportamentos masculinos e orientação do desejo bissexual.

Luiz: 24 anos, advogado, tem o sexo masculino, a identidade sexual masculina, comportamentos masculinos e orientação do desejo homossexual.

Ficha 3

As duas personagens estão apaixonadas.

Olga: 23 anos, enfermeira, tem o sexo feminino, a identidade sexual feminina, comportamentos femininos e a orientação do desejo homossexual.

Júlia: 42 anos, médica, divorciada, mãe de dois filhos, tem o sexo feminino, a identidade sexual feminina, comportamentos femininos e a orientação do desejo homossexual.

O tempo sugerido para esta atividade é de aproximadamente trinta minutos. Após o término do exercício, pedir que cada grupo leia a sua história e apontar os preconceitos, mitos e tabus que possam ter surgido na sua elaboração.

12

Pornografia, erotismo e mídia

> *Importância do tema*
> As constantes inserções de comportamentos eróticos e pornográficos na mídia escrita, falada e televisiva.

Pornografia e erotismo são conceitos difíceis de diferenciar, uma vez que cada pessoa os compreende de forma particular. Ainda assim, existem algumas diferenças fundamentais que podemos esclarecer.

Pornográfico é o que almeja produzir uma excitação sexual imediata, sendo o coito e a exibição genital seus principais personagens. Tem um caráter percebido como vulgar, e nele a afetividade é tão secundária que quase não a notamos. O predominante é a excitação e o descarrego da tensão sexual. A pornografia tem em suas entrelinhas algo que desafia, ofende, choca. É explícita, atraindo e repudiando ao mesmo tempo.

No pornográfico há uma condução direta ao sexo, visto como a única forma de excitação. O pornográfico é utilizado por algumas pessoas como fonte de inspiração, excitação e desinibição nas prerrogativas das relações sexuais. Outras pessoas não se sentem excitadas e o rejeitam.

O objetivo primeiro do *erótico* é representar aspectos da sexualidade, mas não necessariamente provocar excitação. Em conseqüência, o que é erótico pode estimular a sexualidade ou representá-la em seu conjunto de afetos, atos e energia sexual.

O erótico é basicamente sensual, enquanto o pornográfico é sexual. O erótico pode até se referir explicitamente ao ato sexual, mas sempre de uma forma indireta, sem ignorar outras emoções que o perpassam. O erotismo estimula o que nos permitimos ter, viver, fantasiar.

São subjetivas essas definições, pois as pessoas reagem de diferentes formas aos mesmos estímulos. O que uma pessoa percebe como pornográfico, outra pode entender como erótico. Tomando como exemplo um beijo na boca entre duas mulheres, algumas pessoas podem senti-lo como pornográfico, que ofende e repele, outros como erótico, ou seja, sensual e atrativo.

A sociedade muda e aquilo que considerávamos pornográfico ou erótico também se transforma. Um beijo público de um casal em 1930 era considerado pornográfico, em 50 passou a ser considerado erótico e hoje até pode passar desapercebido. O beijo em si pode ser interpretado por nós como pornográfico ou erótico. Os atos sexuais também podem ser interpretados da mesma maneira. O que diferencia um do outro é a nossa percepção, o nosso sentimento.

O erótico e o pornográfico também são situacionais, pois as suas características são remodeladas em determinados períodos em resposta a eventos sociais. No carnaval, atitudes que em outras épocas do ano são repreensíveis tornam-se aceitáveis. Uma mulher de biquíni no centro da cidade de São Paulo talvez seja considerada pornográfica, ao passo que se estiver em qualquer cidade de praia será provavelmente considerada erótica. Diferenças de opiniões sempre vão existir a respeito do que é um e do que é outro e de como nos sentimos em relação a isso. Trata-se de valores subjetivos que mudam a cada dia em nossas vidas.

Pornográfico	Erótico
• Produz excitação sexual imediata.	• Representa o sexo de forma indireta, podendo produzir excitação sexual ou não.
• Estimula desejos e fantasias sexuais.	
• É geralmente vulgar, apresentando o sexo genital de maneira explícita.	• Estimula a sexualidade.
	• É basicamente sensual, apresentando o sexo genital de maneira implícita.
• Pode ofender, chocar ou atrair.	
• Desinibe ou inibe a sexualidade.	• É atraente.
• É considerado inadequado pela maioria das pessoas.	• É considerado adequado pela maioria das pessoas.

A mídia tem um peso muito grande em nossa cultura, principalmente a eletrônica. Recebemos indiretamente uma carga de valores e normas enviesados, muitas vezes perpetuadores de comportamentos que não cabem mais na nossa época. A mídia tem o poder de reforçar algumas atitudes e emitir julgamentos sobre o que é mais ou menos adequado. Também tem ajudado a eliminar alguns preconceitos, mas fortalecido outros.

Muitos vivem seus desejos reprimidos por meio da televisão. Num primeiro momento, sentem-se satisfeitos, mas se não os trabalharem internamente podem pensar que terão a resposta mágica e sempre positiva que se apresenta na tela. Acreditamos ser importante que estas pessoas percebam e adquiram um comportamento mais crítico em relação ao que a mídia apresenta estereotipadamente.

Idéias importantes do que é erótico e pornográfico.

Pornográfico é o sexo percebido como vulgar, com o objetivo da excitação imediata.

O pornográfico pode desinibir ou inibir a sexualidade.

O erótico estimula o sexo de forma indireta.

Erótico é basicamente sensual, enquanto pornográfico é sexual.

Erótico e pornográfico são percebidos de forma particular. O que é erótico para um pode ser pornográfico para outro e vice-versa.

O que é percebido como erótico e pornográfico muda de acordo com a época ou a situação.

A mídia tem grande influência tanto na perpetuação como na eliminação de comportamentos tidos como eróticos ou pornográficos.

Sugestão de aula

Após apresentar a definição do que é erótico e pornográfico, solicitar à classe que se divida em grupos de no máximo quatro pessoas. Pedir então aos alunos que discutam as cenas que consideram pornográficas ou eróticas em revistas e na televisão. Estimular o pensamento crítico, convidando que reflitam sobre a necessidade de pornografia e erotismo no material analisado, e se eles sentem que o que foi visto ou lido influencia a vida das pessoas.

O tempo aproximado para essa discussão é de dez minutos. Em seguida, reunir um grupão e pedir que cada um fale sobre as cenas discutidas e as idéias que conseguiram elaborar.

É muito difícil chegar a um consenso de opiniões, devendo esta discussão simplesmente reforçar a idéia de que é variável a percepção do erótico e do pornográfico.

ANEXOS

As disposições legais relativas à criança e ao adolescente

Marcelo José Telles Ponton

Importância do tema
O conhecimento de seus direitos e deveres torna o cidadão mais capaz de se defender de abusos e se comportar de maneira responsável.

Nem sempre é fácil falar sobre direito e legislação de forma simples. Procuraremos, neste trabalho, facilitar a compreensão das questões legais relativas à criança e ao adolescente, um assunto geralmente restrito aos profissionais da área do direito (advogados, juízes, promotores, delegados) e àqueles que, por sua função, necessitam ter conhecimentos básicos de legislação para o exercício criterioso de seu trabalho (médicos, psicólogos, assistentes sociais, comissários).

A primeira manifestação internacional em prol dos direitos dos menores de idade deu-se em 1924, por meio da Declaração de Genebra.

Em 1959, a Organização das Nações Unidas (ONU) adotou a Declaração Universal dos Direitos da Criança. Esta declaração estabeleceu princípios, considerando, entre outros, "que a criança, em decorrência de sua imaturidade física e mental, precisa de proteção e cuidados especiais, inclusive proteção legal apropriada antes e depois do nascimento; e que a humanidade deve à criança o melhor de seus esforços".

Estes são os onze princípios da Declaração Universal dos Direitos da Criança:

- Proteção especial para o desenvolvimento físico, mental, moral e espiritual.
- Direito à nacionalidade.
- Benefícios de previdência social, incluindo saúde, alimentação, recreação e assistência médica.
- Cuidados especiais à criança incapacitada física, mental e socialmente.
- Responsabilidade dos pais na criação de ambiente de afeto e segurança moral e material, não devendo a criança ser apartada da mãe, salvo em circunstâncias excepcionais.
- Educação gratuita e compulsória.
- Direito de brincar e distrair-se.
- Direito de ser a primeira a receber proteção e socorro.
- Proteção contra qualquer forma de negligência, crueldade e exploração.
- Proibição de empregá-la antes da idade mínima conveniente.
- Proteção contra atos que possam suscitar discriminação racial, religiosa ou de qualquer outra natureza.

Decorridos vinte anos, foi o de 1979 declarado Ano Internacional da Criança. Em 1989, a Comissão de Direitos Humanos da ONU preparou o texto da Convenção dos Direitos da Criança, que obriga os países signatários a adaptar suas legislações às normas propostas. Os princípios básicos da Convenção dos Direitos da Criança são três:

- Proteção especial como ser em desenvolvimento.
- O lugar para o seu desenvolvimento é a família.
- As nações obrigam-se a adotá-la como prioridade.

Em 1990 foi promovido, pela ONU, o primeiro Encontro Mundial em favor da Criança, juntamente com a 45ª sessão da Assembléia Geral das Nações Unidas, sendo adotado um plano de ação com o objetivo de garantir a sobrevivência, a proteção e o desenvolvimento da criança. Naquela oportunidade foi subscrita pelos Estados a Convenção sobre os Direitos da Criança, também chamada Convenção de Nova York sobre os Direitos da Criança.

A legislação brasileira

Apesar de o Brasil já ter tido sete outras Constituições (1824, 1891, 1934, 1937, 1946, 1967 e 1969), em nenhuma delas o legislador constituinte preocupou-se em estabelecer os princípios do direito da criança.

A causa da negligência está no vício histórico de os direitos da criança estarem incorporados ao direito de família, parte do Código Civil Brasileiro. Constituindo uma inovação no diploma legal, o texto constitucional vigente, de 1988, exige que a família, a sociedade e o Estado assegurem à criança e ao adolescente "o direito à vida, à saúde, à alimentação, à educação, ao lazer, à profissionalização, à cultura, à dignidade, ao respeito, à liberdade e à convivência familiar e comunitária, além de colocá-los a salvo de toda forma de negligência, discriminação, exploração, violência, crueldade e opressão".

O texto manteve a inimputabilidade penal (impossibilidade de culpar criminalmente) do menor de dezoito anos e impôs aos pais a obrigação de assistir, criar e educar os filhos menores.

Em obediência a preceito contido no artigo 227 da Constituição Federal, foi sancionado o Estatuto da Criança e do Adolescente pela Lei nº 8.069 de 13.7.1990, que entrou em vigor no dia 12.10.1990, o Dia da Criança.

Conceitos

O Estatuto da Criança e do Adolescente dispõe sobre a proteção integral da criança e do adolescente.

Deve-se entender por proteção integral o "amparo completo, não só da criança e do adolescente, sob o ponto de vista material e espiritual, como também a sua salvaguarda desde o momento da concepção, zelando pela assistência à saúde e bem-estar da gestante e da família, natural ou substituta da qual irá fazer parte"[1].

---

1. CHAVES, Antonio. *Comentários ao Estatuto da Criança e do Adolescente*. São Paulo, Editora LTR, 1994.

Perante a nossa lei, criança é a pessoa com até doze anos de idade incompletos, e adolescente aquela entre doze e dezoito anos de idade.

Direitos fundamentais

A criança e o adolescente gozam de todos os direitos fundamentais inerentes à pessoa humana, devendo ter asseguradas todas as oportunidades e facilidades que lhes facultem o desenvolvimento físico, mental, moral, espiritual e social.

Os direitos fundamentais da criança e do adolescente são o direito à vida e à saúde; à liberdade, ao respeito e à dignidade; o direito à convivência familiar e comunitária; o direito à educação, à cultura, ao esporte e ao lazer; e o direito à profissionalização e proteção no trabalho.

O direito à vida e à saúde compreende o combate à mortalidade infantil, a promoção de programas de assistência integral à saúde da criança, do adolescente, da gestante, da parturiente e da mulher que amamenta, direito à vacinação, à alimentação, à prevenção de enfermidades e planos de saneamento e, ainda, recursos educacionais e científicos para o exercício da paternidade responsável.

O direito de liberdade compreende os aspectos de ir, vir e estar nos logradouros públicos e espaços comunitários, ressalvadas as restrições legais; de opinião e expressão; de crença e culto religioso; de brincar, de participar de esportes e de divertir-se; de participar da vida familiar e comunitária; de participar da vida política; de buscar refúgio, auxílio e orientação.

O direito ao respeito consiste na inviolabilidade da integridade física, psíquica e moral da criança e do adolescente, abrangendo a preservação da imagem, da identidade, da autonomia, dos valores, idéias e crenças, dos espaços e objetos pessoais.

A família, a sociedade e o Estado devem velar pela dignidade da criança e do adolescente, pondo-os a salvo de qualquer tratamento desumano, violento, aterrorizante, vexatório ou constrangedor. Os casos de suspeita ou confirmação de maus-tratos contra crianças e adolescentes devem ser obrigatoriamente comunicados à autoridade competente.

O direito à convivência familiar e comunitária é o direito à criação no seio da família e, excepcionalmente, em família substituta, em ambiente livre da presença de pessoas dependentes de substâncias entorpecentes.

O direito à educação compreende a igualdade de condições para o acesso e permanência na escola, o direito de ser respeitado por seus educadores, o direito de contestar critérios avaliativos, o direito de organização e participação em entidades estudantis, acesso à escola pública e gratuita próxima de sua residência, bem como o combate ao analfabetismo.

O direito à cultura, ao esporte e ao lazer abrange a garantia de pleno exercício dos direitos culturais e acesso às fontes da cultura nacional. Inclui o apoio, o incentivo, a valorização e a difusão das manifestações culturais, bem como de programações esportivas e de lazer voltadas para a infância e a juventude.

O direito à profissionalização e proteção ao trabalho visa a proteção de crianças e adolescentes, sendo proibido qualquer trabalho noturno, perigoso ou insalubre a menores de dezoito anos, e de qualquer trabalho a menores de dezesseis anos de idade, salvo na condição de aprendiz, a partir do quatorze anos.

O Estatuto da Criança e do Adolescente cuida ainda da proibição de discriminação entre as diferentes categorias de filhos; da igualdade de exercício do pátrio poder pelo pai e pela mãe; dos deveres dos pais; das causas da perda ou suspensão do pátrio poder; da família natural; do reconhecimento dos filhos extramatrimoniais; da família substituta; da guarda; da tutela; e da adoção.

Não se limita o Estatuto à repressão de atos considerados infracionais praticados contra menores de idade, mas procura prevenir a ocorrência de ameaça ou violação dos direitos dos mesmos.

Neste caráter preventivo, verificamos que a lei proíbe a crianças e adolescentes a venda e locação de fitas de vídeo em desacordo com a classificação para a sua faixa etária; a entrada em casas de jogos; a venda de armas, munições e explosivos, bebidas alcoólicas, drogas, fogos, revistas contendo material impróprio ou inadequado e bilhetes lotéricos. A lei proíbe a hospedagem em hotel, motel ou pensão sem autorização ou acompanhamento dos pais ou responsáveis, bem como regulamenta as autorizações para viagem.

Política de atendimento

O atendimento dos direitos da criança e do adolescente é feito através de ações governamentais e não governamentais. Estas ações têm como objetivo a erradicação e o controle dos efeitos da marginalização do menor carente, "aquele cujos pais ou responsáveis, situados na faixa de zero até três salários mínimos, não podem proporcionar aos filhos e dependentes, pela insuficiência de renda disponível, o atendimento daquelas mencionadas exigências", e do abandonado, "aquele menor que, destituído de pais ou responsáveis, luta pela sobrevivência em condições adversas, geradoras de padrões anômalos de comportamento, agressividade, conduta social divergente, delinqüência e criminalidade"[2].

Prática de ato infracional

O Estatuto da Criança e do Adolescente considera ato infracional a conduta descrita como crime ou contravenção penal.

Há previsão legal de medidas socioeducativas, de medidas pertinentes aos pais e responsável, do Conselho Tutelar e suas atribuições e competências.

É garantido o acesso de toda criança e adolescente à Justiça, bem como garantido o sigilo de atos judiciais, policiais e administrativos, prevendo o Estatuto a criação da Justiça da Infância e da Juventude, seu funcionamento e procedimentos e, ainda, a apuração de irregularidade em entidades de atendimento e de infração administrativa às normas de proteção à criança e ao adolescente, da intervenção obrigatória do Ministério Público nos casos previstos pelo Estatuto e a proteção judicial dos interesses assegurados à criança e ao adolescente.

Finalmente, são tratados pelo Estatuto os crimes e as infrações administrativas praticados contra a criança e o adolescente.

A exemplo dos crimes, citamos: omissão de registro e de fornecimento de declaração de nascimento; não-identificação de neonato (recém-nascido) e da parturiente; privação de liberdade de criança ou adolescente; omissão de comunicação imediata de apreensão de

---

2. *Revista de Informação Legislativa* nº 82, abril/junho 1984. p. 115.

criança ou adolescente; vexame ou constrangimento de criança ou adolescente; tortura; embaraço de ação de autoridade; subtração, entrega ou promessa de entrega mediante pagamento; ajuda de envio ilegal ao exterior com fins de lucro; utilização em cena pornográfica, fotografia ou publicação de sexo explícito; venda ou entrega de arma, munição ou explosivo; venda ou fornecimento de tóxicos; e venda ou entrega de fogos de artifícios perigosos.

Constituem infrações administrativas: omissão de comunicação de maus-tratos; impedimento por funcionário dos direitos de peticionar, de contato reservado com defensor e outros direitos; divulgação não autorizada de dados processuais relativo a ato infracional; hospedagem não autorizada; transporte não autorizado; não-indicação de faixa etária em local de diversão pública; anúncio de representações ou espetáculos sem indicação dos limites de idade; transmissão de rádio ou televisão em horário diverso ou sem aviso de classificação; exibição de filme ou congênere classificado como inadequado; venda ou locação de vídeo em desacordo com a classificação; descumprimento de obrigações de comercialização de revistas e publicações impróprias; e inobservância do Estatuto sobre acesso em locais de diversão.

Código Penal

Necessário se faz para concluir nosso trabalho que, a exemplo das definições contidas no Estatuto da Criança e do Adolescente, conceituemos alguns crimes previstos no Código Penal e que, direta ou indiretamente, estão ligados ao presente tema.

Para tanto, iremos definir o significado de exploração sexual, atentado violento ao pudor e corrupção de menores.

Entende-se por exploração sexual o incentivo ou a coação para a prática de qualquer atividade sexual ilegal; a exploração na prostituição ou prática sexual ilegal; a exploração em espetáculos e materiais pornográficos.

Atentado violento ao pudor consiste em constranger, forçar alguém, mediante violência ou grave ameaça, a praticar ou permitir que com ele se pratique ato libidinoso, ou seja, ato que visa ao prazer sexual diverso da conjunção carnal, diferente do ato sexual normal. A relação sexual anal e o sexo oral são atos libidinosos. Porém, se a resistência da vítima for meramente passiva ou verbal, desacompanhada de uma resistência física inequívoca, o delito será excluído[3].

Corrupção de menores significa a prática, ou o induzimento à prática, do ato sexual de pessoas menores de 18 anos e maiores de 14 anos, independentemente de sexo. Se ocorrer erro a respeito da menoridade da vítima, pode haver a exclusão do delito.

Não é incomum, atualmente, que jovens acima dos dezoito anos mantenham relações sexuais com pessoas menores de dezoito e maiores de quatorze. Neste caso, temos um maior e um menor, que pela conceituação apresentada pode caracterizar a corrupção de menores. Pode haver representação ou oferecimento de queixa perante a autoridade policial, por parte dos pais do menor, até seis meses após tomarem conhecimento do fato caracterizado como crime. Se os pais só tomarem conhecimento após o menor ter feito dezoito anos, pode haver representação ou oferecimento de queixa até seis meses, ou seja, até o menor ter dezoito anos e seis meses. Depois deste tempo, não pode haver queixa perante a autoridade policial.

Também é comum a alteração de carteira de identidade por menores, para terem acesso a local de diversão pública.

Falsificar total ou parcialmente documento público, ou alterar documento público verdadeiro, é crime, punido com reclusão de dois a seis anos e multa. Aquele que alterar, dizeres, números, letras etc. da carteira de identidade, inclusive a troca de fotografia, e fizer uso da mesma, pratica crime de falsificação. Se suprimir palavras, números, letras ou destruir parte da carteira de identidade original, estará praticando crime de supressão de documento, punido com a mesma pena do crime de falsificação.

Para finalizar, observamos que a discriminação é fruto da falta de respeito e educação para com seu semelhante. As demonstrações de afeto e carinho, como beijos e abraços, comuns em nossos adolescentes, nada têm que possam ser consideradas ilegais. Sejam homossexuais ou heterossexuais, tais manifestações públicas de carinho devem ser mantidas dentro de parâmetros que não ofendam a moral e o pudor coletivo, ou seja, não criem sentimentos de mal-estar ou vergonha. As mudanças na sociedade ocorrem à medida que as pessoas tomam conhecimento de seus direitos e de suas obrigações, e os exercem.

---

3. *RT*, 614/288, *in* Damásio E. de Jesus, *Código Penal Anotado*, São Paulo, Saraiva, 1996. 6ª ed.

Questionário

Quando desejar diagnosticar o conhecimento dos alunos e detectar os conceitos que necessitam ser melhor esclarecidos, aplique o teste abaixo. Gabarito: 1V; 2F; 3F; 4F; 5V; 6V; 7V; 8F; 9V; 10V; 11F;12F; 13F; 14V; 15F; 16V; 17F; 18F; 19V; 20V; 21F; 22V; 23V; 24F; 25F; 26V; 27F; 28V; 29F; 30V; 31F; 32V; 33V.

Assinale se a afirmação é falsa ou verdadeira

1. A identidade sexual é formada ao longo da vida a partir do sexo biológico, de como a pessoa é tratada e de como ela se sente.
( ) Verdadeira ( ) Falsa

2. Os papéis sexuais não variam conforme a época e a cultura.
( ) Verdadeira ( ) Falsa

3. A orientação do desejo é mutável.
( ) Verdadeira ( ) Falsa

4. Uma atitude sexual homossexual denota homossexualidade.
( ) Verdadeira ( ) Falsa

5. Um homem efeminado pode ser heterossexual.
( ) Verdadeira ( ) Falsa

6. Homossexual é a pessoa que sente desejos afetivos e sexuais por pessoas do mesmo sexo.
( ) Verdadeira ( ) Falsa

7. Homossexualidade não é doença nem perversão.
( ) Verdadeira ( ) Falsa

8. Bissexual é a pessoa que nasce com dois sexos biológicos.
( ) Verdadeira ( ) Falsa

9. Transexuais são pessoas que sentem que seu sexo biológico não corresponde à sua identidade sexual.
( ) Verdadeira ( ) Falsa

10. A orientação do desejo do hermafrodita pode ser homo, hetero ou bissexual.
( ) Verdadeira ( ) Falsa

11. Todos os transformistas são homossexuais.
( ) Verdadeira ( ) Falsa

12. *Drags* e travestis são dois nomes para a mesma coisa.
( ) Verdadeira ( ) Falsa

13. Todos os travestis se prostituem.
( ) Verdadeira ( ) Falsa

14. Dignidade e consideração são aspectos fundamentais para um bom relacionamento afetivo sexual.
( ) Verdadeira ( ) Falsa

15. No casamento, todas as conquistas têm de ser realizadas a dois. As conquistas individuais não são importantes.
( ) Verdadeira ( ) Falsa

16. Todas as formas de relacionamento, independentemente da orientação afetiva sexual, podem ser válidas e satisfatórias.
( ) Verdadeira ( ) Falsa

17. Garotos e garotas de programa em geral mudam de ramo depois que conseguiram comprar o que precisavam.
( ) Verdadeira ( ) Falsa

18. Sadomasoquismo é uma perversão em que a pessoa sente atração e gratificação sexual somente assistindo a ou escutando uma situação erótica.
( ) Verdadeira ( ) Falsa

19. Urolagnia é uma perversão em que as pessoas só conseguem excitação sexual vendo ou ouvindo sons de urina ou defecação.
( ) Verdadeira ( ) Falsa

20. O sexo, para ser sadio, precisa ser realizado com o consentimento do outro e não causar danos morais, físicos ou psíquicos aos envolvidos.
( ) Verdadeira ( ) Falsa

21. Sexo oral sem proteção é um método sem risco de contaminação pelo vírus hiv.
( ) Verdadeira ( ) Falsa

22. Só conseguiremos fazer sexo seguro quando percebermos que existe sempre a insegurança.
( ) Verdadeira ( ) Falsa

23. Não é considerada disfunção sexual, nos homens, a perda ocasional de ereção.
( ) Verdadeira ( ) Falsa

24. Ansiedade, depressão, culpa e medo são as causas físicas mais freqüentes das disfunções sexuais, tanto masculinas quanto femininas.
( ) Verdadeira ( ) Falsa

25. Vaginismo é o nome de uma infecção na vagina.
( ) Verdadeira ( ) Falsa

26. O tamanho de um pênis normal varia entre 9 e 22 centímetros quando ereto.
( ) Verdadeira ( ) Falsa

27. Mulheres que não são desejadas pelos homens correm o risco de se tornarem lésbicas devido ao trauma.
( ) Verdadeira ( ) Falsa

28. O que é erótico para um pode ser pornográfico para outro e vice-versa.
( ) Verdadeira ( ) Falsa

29. Pornografia sempre provoca excitação sexual.
( ) Verdadeira ( ) Falsa

30. Um portador do vírus hiv deve ser acolhido pelos colegas.
( ) Verdadeira ( ) Falsa

31. Uma colega homossexual não merece a mesma consideração dada a colegas heterossexuais, para que assim talvez se emende.
( ) Verdadeira ( ) Falsa

32. Muitos heterossexuais, por não se sentirem seguros a respeito de seu desejo, desenvolvem preconceito por pessoas homossexuais.
( ) Verdadeira ( ) Falsa

33. Uma sociedade justa é aquela que abraça todos os seus membros e não somente as maiorias.
( ) Verdadeira ( ) Falsa

Situações difíceis
em sala de aula

Muitas vezes, a sala de aula é palco de situações inesperadas relacionadas ao adolescente e sua sexualidade, solicitando do professor uma resolução imediata. Como ser justo e imparcial em momentos como estes?

A nossa opinião é muito importante, considerando o momento de vida dos nossos alunos, uma vez que o adolescente, na maioria das vezes, vê seus pais como pessoas "caretas". Nós, como educadores, temos como facilitador o distanciamento parental, o conhecimento sobre sexualidade e o desejo do aluno de falar, o que pode propiciar o diálogo difícil de acontecer com os pais. Esses aspectos abrem espaço para oferecermos subsídios, promovermos discussões, ajudarmos a eliminar preconceitos e estimularmos a reflexão, para que os adolescentes vivam sua sexualidade de forma mais enriquecedora.

Para que isso ocorra, é importante que nossos próprios conceitos sejam esclarecidos e que tenhamos desenvolvido tolerância em relação às diferentes formas de expressão da sexualidade. Esse cuidado é fundamental para que jamais ditemos como regra a nossa forma de viver, dando aos alunos espaço para manifestarem suas maneiras.

As escolas geralmente têm normas e regras de conduta em seu código de funcionamento que devem ser respeitadas. Se forem muito rígidas, podem ser discutidas e reelaboradas para que se adaptem às transformações que a sociedade impõe.

Em São Paulo, capital, um menino de dez anos foi expulso de uma escola porque usava brinco. Ora, parece inadequada essa punição, uma vez que essa criança tinha a permissão dos pais e que, além disso, é moda hoje crianças do sexo masculino usarem brinco, mesmo nos lugares mais esquisitos e inesperados do corpo. Em muitos grupos, o brinco é sinal de masculinidade e força. Lutadores de jiu-jitsu, jogadores de futebol, ídolos de muitos meninos e adultos usam brincos. Se a instituição não permite o uso pelos meninos, qual será a postura correta do educador? Acreditamos que ele deveria dizer que a instituição não permite, mas que não há problema nenhum, além do institucional, em usá-lo. Se para aquela escola aquilo é inadequado, não significa que o uso do brinco em si o seja.

Relembrando, a opinião pessoal do educador importa somente para ele. Mesmo que nesse caso o professor não concorde que um menino use brinco, a sua postura deve ser de imparcialidade. Quando disser a sua opinião, ressalte que ela não significa uma verdade universal, principalmente no que diz respeito à sexualidade, porque cada um tem a sua própria estrutura, seu próprio sentir, portanto, a sua verdade. O respeito pelas diferentes formas de expressão da sexualidade é papel fundamental de um bom educador.

Daremos a seguir algumas sugestões de como o educador pode lidar com situações diversas em sala de aula. São sugestões pessoais, não devendo ser tomadas como únicas alternativas. Antes de tudo, têm o objetivo de servir como apoio para que cada um descubra a forma mais adequada para si e para os seus alunos. Essas foram algumas das situações mais freqüentes ou que mais causaram polêmica na nossa prática como orientadores e na de vários colegas durante os últimos quinze anos.

Caso 1

O professor percebe que o aluno no fundo da classe está olhando disfarçadamente uma revista, tentando escondê-la de vistas ameaçadoras. Normalmente, o professor se aproxima e em tom grave pergunta o que ele está olhando. O professor já sabe do que se trata. Quase sempre, é uma revista pornográfica. Muitos professores dão uma lição de moral, outros falam que o aluno deve prestar atenção na aula e que lá não é lugar de se ler coisas impertinentes à matéria. A grande maioria recolhe a revista e no final da aula devolve-a para o aluno ou encaminha-o à diretoria.

Vamos imaginar que esse aluno não está olhando uma revista pornográfica heterossexual, mas uma revista contendo sexo entre homens. Como ficam esse aluno e esse professor? Que atitude tomar? Como consertar perante os outros tamanha exposição? Que conseqüências isto terá para todos? O caso já ocorreu de verdade e o rapaz não só foi expulso da escola como mudou de cidade e foi rejeitado pela família. Tinha dezoito anos e cursava o terceiro ano do segundo grau. Provavelmente, se a revista fosse direcionada ao público heterossexual, o fato dificilmente chegaria ao conhecimento dos pais nem a direção da escola procederia com tanta rigidez e indisposição. Independentemente de acharmos correta ou não a homossexualidade, ela deve ser respeitada como uma forma de expressão da sexualidade tão válida quanto a heterossexualidade.

O que podemos fazer para evitar constrangimentos em situações como estas? O objetivo do professor é que o aluno preste atenção na aula, não importa o que ele esteja lendo. Ele pode até estar com uma revista de esportes nas mãos. Em situações como esta, parece-nos que o mais adequado seria o professor pedir ao aluno que não fizesse leituras aleatórias durante a aula. Caso quisesse tomar posse da revista, poderia fazê-lo sem comentários sobre o seu conteúdo diante dos colegas de sala, e pedir ao aluno que fosse buscá-la no final da aula. Seria adequado ignorar o assunto da revista, uma vez que o objetivo teria sido alcançado – não ler revistas durante a aula. Professor e aluno talvez pudessem conversar sobre a matéria e interesses extracurriculares. O fato poderia ser um facilitador de diálogo e estabelecer uma amizade entre os dois.

Caso 2

Os namoros em classe e nas dependências da escola são fatores menos constrangedores e requerem uma ordenação menos interpessoal do que técnica. Como já foi dito, todos os lugares possuem normas e regras que visam adequar o comportamento. Namorar não é inadequado e chega a ser estimulado. Mostrar os limites de onde se pode ou não exercer a sexualidade, além de garantir maior uniformidade de atitudes no estatuto escolar, significa orientar o adolescente para uma convivência social. É importante observar se as normas estão longe da realidade fora da instituição. Existem colégios em que o casal não pode andar abraçado nem conversar de mãos dadas pelas suas dependências. Certo, são regras e normas que devem ser respeitadas, mas, por outro lado, também devem ser questionadas e transformadas para que se adaptem à realidade da época em que vivemos. Se não houver condições de relaxar essas regras, cabe aos pais, junto com os filhos ou filhas, procurar uma instituição onde exista um ensino satisfatório e uma convivência mais adaptada à vida moderna.

Caso 3

Outra situação infelizmente comum é a gravidez não programada. Existem escolas que não permitem a freqüência da adolescente que tenha engravidado, para não haver "mau exemplo" para as outras meninas. Instaura-se nisto uma sucessão de erros. Primeiro, essa menina não deveria ser punida por estar grávida, merecendo ter muito apoio para que consiga ser uma mãe suficientemente boa. Segundo, essa situação pode provocar uma reflexão muito proveitosa sobre os riscos de uma relação sexual sem o controle adequado de contracepção. Terceiro, caberia também à escola, por representar a sociedade, incorporar a adolescente ao meio estudantil e trabalhar junto aos seus membros, os professores e os alunos, a eliminação do preconceito. Afinal, sua função primeira é educar e não normatizar a vida sexual de seus estudantes.

Caso 4

O mesmo serve para adolescentes portadores do vírus hiv. Infelizmente, está aumentado muito a contaminação entre os jovens. Aids não se pega no convívio social, portanto não existe razão para esses jovens serem retirados das instituições de ensino. O que se faz necessário é que o educador intervenha para ajudar a eliminar o preconceito no convívio com os colegas. Todas as pessoas com uma vida sexual ativa podem se contaminar com o vírus, desde que não se previnam adequadamente. Nestes casos, a primeira coisa que o professor deve fazer é conversar com a direção e com os colegas para determinar a postura a ser tomada pela instituição. Supondo que esteja minimamente sensibilizada para que o aluno permaneça na escola, pode-se desenvolver um trabalho junto aos alunos visando quebrar preconceitos e tabus. Uma boa forma é tentar fazer com que os alunos se coloquem no lugar do outro e digam como gostariam de ser tratados, estimulando o desenvolvimento da consideração. Com os pais, caso se verifique a necessidade, a mesma conduta pode ser tomada. Essa é uma forma que tem funcionado muito para que casos como esses sejam mais bem solucionados.

É muito difícil estar pronto para toda e qualquer situação; receita de respostas, sabemos que não existem. O professor, para se sentir mais seguro, deve aumentar sempre o seu conhecimento. Refletir sobre sua sexualidade, seus preconceitos, mitos e tabus é um ótimo exercício para iniciar uma relação de respeito frente à sexualidade de seus alunos. Conseguindo desenvolver esses fatores, o educador estará mais apto a ser um bom orientador sexual.

BIBLIOGRAFIA

Aquino, Julio (org.) *Diferenças e preconceito na escola: alternativas teóricas e práticas.* São Paulo, Summus, 1998.

_____. *Sexualidade na escola: alternativas teóricas e práticas.* São Paulo, Summus, 1997.

Barroso, Carmem, & Bruschini, Cristina. *Educação sexual, debate aberto.* Rio de Janeiro, 1982.

_____. *Sexo e juventude.* São Paulo, Brasiliense, 1983.

Bernardi, Marcello. *A deseducação sexual.* São Paulo, Summus, 1985.

Cardoso, Fernando Luiz. *O que é orientação sexual.* São Paulo, Brasiliense, 1996.

Costa, Jurandir Freire. *A inocência e o vício: estudos sobre o homoerotismo.* Rio de Janeiro, Relume-Dumará, 1992.

_____. *Sem fraude nem favor: estudos sobre o amor romântico.* Rio de Janeiro, Rocco, 1998.

Costa, Moacir. *Vida a dois.* São Paulo, Siciliano, 1991.

Dario, Caldas (org.) *Homens: comportamento, sexualidade e mudanças.* São Paulo, Senac, 1997.

Freitas, Martha C. *Meu sexo real.* Rio de Janeiro, Vozes, 1998.

Freud, Sigmund. *Sobre a sexualidade.* Rio de Janeiro, Imago, 1984, vol. II.

Fry, Peter e Edward MacRae. *O que é homossexualidade.* São Paulo, Brasiliense, 1983.

Fuccs, Gilda Bacal. *Por que o sexo é bom?* Rio de Janeiro, Tempo e Espaço, 1987.

Gregersen, Edgar. *Práticas sexuais: a história da sexualidade humana.* São Paulo, Roca, 1983.

GTPOS. *Sexo se aprende na escola.* São Paulo, Olho d'água, 1995.

Helminiak, Daniel. *O que a Bíblia realmente diz sobre a homossexualidade.* São Paulo, GLS, 1998.

Kaplan, Helen Singer. *Transtornos do desejo sexual.* Porto Alegre, Artmed, 1999.

Kehl, Maria Rita. *Deslocamento do feminino.* Rio de Janeiro, Imago, 1998.

Kinder, Melvyn, & Cowan, Connell. *Maridos e mulheres.* Rio de Janeiro, Rocco, 1989.

Klein, Melanie, & Joan Riviere. *Amor, ódio e reparação.* Rio de Janeiro, Imago, 1975.

Klein, Sydney. *Sexualidade e agressividade na maturação: novas diretrizes.* Rio de Janeiro, Imago, 1975.

Klimeberg, Otto. *Psicologia social.* Rio de Janeiro, Fundo de Cultura, 1963.

Leité, Rommel Mendés. *Bisexualité: le dernier tabou.* France, 1996.

Mullinar, Gil. *Dicionário de orientação sexual.* São Paulo, Melhoramentos, 1992.

Pamplona, Ronaldo. *Os onze sexos.* São Paulo, Gente, 1994.

Picazio, Claudio. *Diferentes desejos: adolescentes homo, bi e heterossexuais.* São Paulo, GLS, 1998.

Portinari, Denise. *O discurso da homossexualidade feminina.* São Paulo, Brasiliense, 1989.

Ramsey, Gerald. *Transexuais.* São Paulo, GLS, 1998.

Rotello, Gabriel. *Comportamento sexual e aids: a cultura gay em transformação.* São Paulo, GLS, 1998.

Sayão, Rosely. *Sexo é sexo.* São Paulo, Companhia das Letras, 1997.

Segal, Hanna. *Introdução à obra de Melanie Klein.* Rio de Janeiro, Imago, 1975.

Spitz, Christian. *Adolescentes perguntam.* São Paulo, Summus, 1996.

Stoller, Robert J. *Excitação sexual: dinâmica da vida erótica.* São Paulo, IBRASA, 1981.

Suplicy, Marta e outros. *Guia de orientação sexual: diretrizes e metodologia.* São Paulo, Casa do Psicólogo, 1994.

Tannahill, Reay. *O sexo na história.* Rio de Janeiro, Francisco Alves, 1983.

Vasconcelos, Naumi. *Sexo: questão de método.* São Paulo, Moderna, 1994.

SOBRE O AUTOR

Claudio Picazio nasceu em 1957, é formado pela Universidade São Marcos com especialização em sexualidade humana pelo Instituto Sedes Sapientae.

Psicólogo clínico desde 1983, atende a adolescentes e adultos e oferece terapia a casais homo e heterossexuais. Também desenvolve grupos de estudo e dá supervisão.

Em 1993, foi co-fundador da Genos Internacional, consultoria em sexualidade e saúde para pessoas e empresas, onde trabalhou como consultor até 1995. Foi membro do Instituto Kaplan até 1998, e nele deu supervisão a profissionais da instituição e da rede pública no atendimento de crianças e adultos hiv-positivos.

É co-fundador e coordenador do SAS – Centro de Psicologia Saúde Afetiva Sexual –, onde desenvolve, com outros profissionais, especialização em orientação sexual e atendimento psicoterápico a pessoas com problemas afetivos e sexuais. É autor do livro *Diferentes desejos: adolescentes homo, bi e heterossexuais*. Pode ser contatado pelo telefone (011) 3064-3945.